MDRT
終身会員

働きながら
CFP資格取得

世界トップセールスレディの

「売れる営業」のマインドセット

玉城美紀子
Mikiko Tamaki

CCCメディアハウス

はじめに

「営業職」と聞いて、みなさんはどのような印象を持たれるでしょうか。

見込みのありそうなお客さまに商品を売り込む仕事――これが一般的な認識なのだと思います。それは「人に媚びへつらう職種」であり、重いノルマを課せられ、「頭ではなく足で稼ぐ仕事」を押し付けられた、使い捨ての「歩兵」のようだと感じている方も多いでしょう。

そのようなイメージがいまだに根強いことは、営業職を希望する大学生が減少していることからもうかがえます。

私は生命保険の営業職に就いて、もうすぐ40年になろうとしています。その間、苦しいこと、つらいこともたくさん体験しました。始めた頃は何度も何度も挫けそうになったものです。

でも、いまはっきり言えるのは、「営業職ほどすばらしい仕事はない」ということです。

営業は企業の存亡にかかわる最重要な部門であり、工夫と努力がそのまま成果として反映される、やりがいのある職種です。

成功するために必要なのは「媚びへつらうこと」ではなく、コミュニケーションのコツを身につけることであり、「足」だけではなく「頭＝クリエイティビティ」を活用するためのアンテナを磨いていくことです。

本書では、そのために役に立つ大切な心構えについて、ご紹介していきたいと思います。

仕事を通して自らの成長を実感できる点も、営業職の醍醐味と言ってよいでしょう。それは、人間と向き合う日々を送ることに深く関係しているからかもしれません。真摯にお客さまと接し、工夫と努力を重ねていれば、人生を豊かにするためのキッカケが毎日のように訪れます。

わずか入社8カ月目に出会い、終身保険という大きなご契約をいただいたお客さま、ご加入のお約束をいただきながら遠くへ転居され、20年後に事業に成功してお戻りになられ、約束どおりご契約してくださった実業家の方……詳しくは本書のなかでご紹介しますが、数々の出会いと人間同士のお付き合いを重ねるなかで、私の人生は充実していったのだと思います。

その間、沖縄でトップセールスとなり、この小さな市場において、全世界の生保営業職トップ6％のメンバーで構成されるＭＤＲＴ（Million Dollar Round Table）のメンバーに

17度選出され、終身会員になることもできました。また、社内3万人の営業職のなかでただひとり、CFP（Certified Financial Planner）という、ファイナンシャル・プランナーの上級資格を取得することにも成功しました。

ただし、これらの成果は、私が営業職としての才能に恵まれていたからではけっしてありません。OLから転身したときは、初対面の方とまともにお話もできない臆病な人間だったのです。

でも、そのような人間だからこそお伝えできる「成功へのヒント」もあるのではないか。私はそう考えました。

本書は、いま営業職を目指そうとしている方々、そして、この仕事に疲れ、悩みを抱えていらっしゃるセールスレディ、セールスマンたちに贈るエールとして受け止めていただければと思います。そして同時に、営業という仕事を通して豊かな人生を送っていただくための小さな後押しになればと願っています。

第1章【マインド編】
「売れる営業」に絶対に必要なもの

第2章 【テクニック編】

「売れる営業」のコツを知る

第3章【マニュアル編】

「売れる営業」の成功習慣

第4章【ライフワーク編】

理想の営業スタイルを求めて

第5章【エッセンス編】

営業ほど楽しい仕事はない

装丁・本文デザイン　竹内淳子（株式会社新藤慶昌堂）
校正　円水社
編集協力　佐野之彦
企画協力　松尾昭仁（ネクストサービス）
プロデュース　中野健彦（ブックリンケージ）

第1章
【マインド編】

「売れる営業」に絶対に必要なもの

事務職だった私がなぜ生保のセールスレディになったのか

私は26歳で「営業」の世界に飛び込み、38年間という月日を過ごしてきました。人見知りで、口ベタで、積極的に人間関係を築いてもこなかったOL出身のこの私が、生き残り競争の厳しい保険業界でなぜトップセールスになれたのか。

そこには、みなさんが驚くような「秘密のノウハウ」が隠されているわけではありません。普通の女性が「こうすれば人とうまくコミュニケーションがとれるのではないかな」と、素朴に思ったことを実践し、それを継続してきたからに過ぎないのです。

私が営業職に就いてからいちばん大切にしてきたのは、「心の置き場」をしっかり持ち続けるということです。どのような苦境に立たされても、営業職としてのマインドを失わずに仕事を続ければ、必ず道は開ける――そう自分に言い聞かせながら、私は歩んできたのだと思います。

では、具体的にどのようなマインドを大切にしてきたのか。これは、営業職として生きていくうえで最も大切な部分ですが、そのお話をする前に、まず、私がなぜ営業の世界へ身を投じることになったのか、簡単にご説明したいと思います。このプロセスもまた、営業マインドに通じるところがあるからです。

そもそも、私は生命保険のセールスに興味を持っていたわけではありませんでした。いや、引っ込み思案な性格だけに、自分からは最も縁遠い仕事だと考えていました。

地元・沖縄の高校を卒業して銀行に就職し、結婚して23歳のときに長男が生まれたのを機に退職。2年後には次男を出産し、約3年間は子育てに専念してきたのですが、そんなに長い間、社会生活から遠ざかっていた元ＯＬが、どうして生命保険セールスの世界に飛び込んだのか――。

それは、思わぬ出会いと、私自身のひらめきによるものでした。

仕事といっても銀行の事務しか経験がないわけですから、働ける職種も限られています。しかも、子供2人を保育園にあずけることもせず、子連れで就活をやっていたので、面接に行ってもすぐに追い返されてばかりでした。当たり前ですね。

いっぽうで、知り合いに紹介していただいた保険会社の方から「営業レディにならないか」と、熱心に誘ってはいただいていました。

務まるわけがないと思っていた私は、その度にお断りをしていたのですが、何度も声をかけていただくので申し訳なくも思い、まったくその気はないながらも「一度だけ」ということで説明会に顔を出すことにしました。

結果的に、その体験が私の営業人生を決定づけることになったのです。

「矢野恒太がつくった会社で働きたい！」

そこでうかがったお話は、第一生命の創業者である矢野恒太の思想と哲学についてでした。医師として某保険会社に勤務していた彼は、株式会社組織だった保険会社のあり方に疑問を感じ、相互会社という新しいシステムを導入すべく、外国で勉強して政府に働きかけ、私財を投げ打ってわが国初の相互会社として起業しました。

変人扱いされても挫けることなく、今日ある保険会社のかたちを築いたその創業スピリットに、私は心打たれたのです。

「仕事とは、ただお金を稼ぐためだけにするものではない。世のため人のために、自分ができることを深く考え、そこに向かって邁進していくことなのだ」

矢野が目指した企業理念を私はそう理解しました。その姿勢に感銘を受けた私は、その日のうちに「やってみよう」と思い立ったのです。まさに、心の「ホットボタン」がスイッチ・オンになった瞬間でした。

保険営業の世界で成功すれば、収入面でも大きなプラスになることは承知していました。誘っていただいた方からも「こんなに儲かるよ」というお話をしていただいていたのですが、そんなことはどうでもよかった。「自分には向いていない」という不安も、どこかへ消し飛んでいました。

私は、矢野恒太の「マインド」に、どうしようもなく惹かれてしまったのです。

私が生保の仕事に就きたいという話をすると、周囲の人間はみんな大反対しました。夫からは「絶対にうまくいかない。やめておけ」とまで言われ、銀行時代の元同僚たちからも「あなたには無理よ」と諭され……。当然ですよね、それまで人とコミュニケーションをとるのが苦手だった人間が、いきなり人を説得し、商品を買ってもらう営業職になろうとしているのですから。

いっぽうで当時、他社で生保の営業職員だった叔母は、就活中の私をいちおう誘ってくれていました。それなのに、その勧誘を蹴っておきながら、ライバル会社へ就職したことでこっぴどく怒られました。

「私は生保の仕事をしたいのではない。矢野恒太がつくった会社で働きたいだけ」と言い張り、なんとかみんなの納得を得られたのです。

営業マインドを育てる「飛び込み営業」

好きで始めた仕事なのだから、必ず3年は続けようと心に決めていました。しかし、営業職1年目は、ともかく挫折と苦しみの連続でした。

人によってはまず、身内や学校時代の友人など、知り合いにお願いして契約してもらう場合もあるのですが、私は周囲の反対を押し切ってこの業界に飛び込んだのですから、そのような方法は一切採らないと決めていました。ですから、「ユニット」という自分の担当地区の住宅街で、いきなり飛び込み営業を始めたのです。

新人がいきなり契約を次々に結んでいけるなんて、そんな甘い世界ではありません。見知らぬ人のお宅をアポなしで訪れ、断られ、追い返され、泣きそうになりながらも次のドアをノックし続けるのです。

ただ、営業職として、このように厳しいスタートが切れたことは、いま思えば本当によかったのです。なぜなら、営業という仕事を全うするうえで最も大切な「マインド」を、このときに培うことができたからです。

最初の半年くらいは、ドアをノックするときに「お留守だったらいいのに」と弱気にもなりました。「どんな人が顔を出すのだろう」「何と言って切り出せばいいか」と、恐れおののいていたものです。

飛び込み営業の場合、「保険はけっこうです」「お帰りください」と言われてしまうことがほとんどです。ときには乱暴な言葉をぶつけられることもあります。でも、がっかりしている暇はありません。最低でも1日30軒はノックしなければ、話のきっかけすらつかめずに、1日が終わってしまいます。

やがて私も「断られる」ことに慣れ、さらには楽しみにさえなっていくのですが、「初心者」の頃は手探りばかりの毎日でした。

断られるのは「挨拶」みたいなもの

新人時代、私は営業活動をするうえで、ひとつ決めたことがあります。それは、訪問先で「絶対に辞めません」とお伝えすることです。

生保セールスが離職率の高い職場だということは、みなさんご存じだと思います。加入してしばらくすると、担当の営業が退職してしまった、というご経験をお持ちの方も多いのではないでしょうか。

私も当初、「よろしくお願いします」と頭を下げると、「どうせすぐに辞めるんでしょ」と言われ、よく突き放されていました。すぐに会社を辞めてしまうような営業からはお客さまも加入したくはないでしょうし、新人は特にその傾向があるので、ごもっともです。

生保営業を始めるにあたり、私はできるだけ長く続けたいと思っていました。ですから、お客さまにお伝えすると同時に、自分に言い聞かせる意味でも「辞めません」と宣言して回ったのです。これは、私流の決意表明だったのかもしれません。

もちろん、それでも断られるほうが圧倒的に多いのが現実でした。

ただ、何百人と断られ続けているうちに、私は人とのコミュニケーションにひとつの真理を見出したのです。

それは、「人はまず断る生き物である」ということです。いきなり赤の他人がやってきて、商品を売りつけようとしているのですから、ちゃんと社会生活を送っている人間なら、自己防衛本能によって拒絶するのは正しい反応でしょう。

特に日本人は、見ず知らずの人に話しかけられることが苦手な傾向があるようです。エレベーターの中で赤の他人と2人きりになったとき、欧米の人たちは気軽に世間話を始めるのに、日本人同士ではなかなかそうはいきません。いきなり「今日はいい天気ですね」なんて話しかけると、警戒されたりもします。

私たち、飛び込み営業をしてきた者は、そういう状況をイヤというほど味わってきました。

30人の方とお会いすれば、そのうちまともにお話を聞いてくださるのは、せいぜい3人です。残りの27人は、けんもほろろにドアを閉めてしまう。毎日がこれですから、メンタル的には本当にまいってしまいます。

でも、そこで何かを感じることができるかどうか。それが営業として成功するか否かの分岐点になるのです。

断られることを楽しもう

同じ断るにしても、人にはさまざまな事情が背景にあります。それぞれの人生ですから、生命保険へ加入するタイミングや生保そのものに対する考え方も千差万別です。少しでもお話ができたなら、たとえ断られてもお客さまの情報や考え方を丹念にキャッチしていくことが大切です。

失敗を重ねるうちに、そのコツが私には見えてきました。

うまくいかないセールスレディたちは、日々同じように愚痴をこぼしているだけで、特になにか考えているようにも見えません。「そんなことで大丈夫かしら」と、傍で見ていて感じたものです。

なぜ断られるのか、その理由をお客さまごとにきちんと把握して、その情報を蓄積していくことで、後々の成果へとつながっていくことを、私は1年、2年と続けていくうちに実感していくことになります。「断られることからコミュニケーションは始まる」――そう考えるうちに、拒絶されたり、撥ね退けられたりすることが苦にならなくなったのです。断られることに慣れてきた頃には、「次の人はいったいどんな断り方をするのだろう」と、拒否されることが楽しみのひとつにさえなっていきました。

人は十人十色の断り方をする。そこには家庭や仕事の事情、お金に対する考え方、人生観さえ見えてくることがあります。だから、営業はおもしろいのです。

他人は他人、自分は自分

私は生来、ずっと対人コンプレックスを抱いていました。上手に人とお話ができないということは、営業職にとっては致命的な欠点だと思います。でも、そのマイナスは、そのうち「プラス」へと転化していきました。

営業職を志望する人は、そのほとんどが「自分は積極的な性格だ」とか、「どんな人とでもコミュニケーションがとれる」といった自信を持っています。それは、とても大切な素養ですし、大きな武器でもあります。私にはまったく備わっていない特長なので、入社した頃はそういう先輩たちを見て、うらやましくて仕方ありませんでした。

このように営業の才能がある人は、買っていただきたい商品と同時に、自分もどんどん押し出していこうとします。まるでウサギのように、スタートから全速力でゴールを目指して突っ走っている感じです。

でも、私は「焦ってはいけない」と自分に言い聞かせました。私には私のやり方があるはずだと信じて、一歩一歩階段を上っていけばいい。そのために、お客さま一人ひとりのことを思い浮かべながら、カメのようにゆっくり歩いていこう。将来、振り返ったときに「よくここまで成長できたな」と実感できるようなセールスレディになろう、と心に決めたのです。

おかげでトップセールスにまで上りつめることができたのですから、このときの判断が正しかったことは言うまでもありません。

自分にとって「営業」とはなにか、そのマインド（規範）は、他人に影響されることなく、自らがつくりあげなければならないのだと思います。

営業マインドを持てなかった人たち

成功体験は人を強くします。私も最初に契約が取れたときにはうれしくて、やる気がみなぎるのがわかりました。

でも、それは一時のことであり、また翌日からは地道にドアをノックする日々が始まります。そして、心を整え、お会いする方々が私のお客さまになってくださることを思い描きながら過ごしていました。

飛び込み営業というのは、ご想像のとおり、心がタフでなければ務まりません。私は人見知りで自己表現もうまくできない人間でしたから、最初から順調に仕事をこなせるとは思っていませんでした。でも、それがかえって後々の大きな成果へとつながったと考えています。

新人の営業のなかには、前述のように身内や友人を回るところから始めるタイプがいます。会社にとっては、まずは結果を出させて「仮免許」を取らせるみたいなことでしょうか。ただ、このような安易な方法は、営業本来のスキルやマインドを身につけるためにはなんの役にも立ちません。

なかには、いつまでたっても知り合いや紹介だけで契約を取ろうとする営業もいます。運がよければ2年、3年とこの方法で成績を残していくことはできるでしょう。しかし、たいていは半年、長くても7、8カ月で「ネタ切れ」になってしまうのは目に見えています。

契約してくれた知り合いに「誰かを紹介してください」とお願いすることもできるでしょうが、私に言わせれば、これは「禁じ手」です。お客さまに負担をかけることにもなるし、人間関係にヒビを入れてしまうことだってあるからです。

イージーな道に一歩踏み入ると、営業職としての勘が鈍ってきますし、なにより「自分が何のためにこの商品を売っているのか」という、基本的なマインドが失われていくと思うのです。

そして、ついにその手が使えなくなったとき、彼ら、彼女らも飛び込み営業をしなくてはならなくなります。

ある意味、楽な方法で営業をして成績を残してきた人たち、つまり、ぬるま湯に浸かってきたセールスの多くは、突然熱湯を浴びせられて、心に深い火傷を負ってしまいます。「自分はここまでうまくやってきた」という成功体験があるため、「いまさら飛び込みなんてやってられるか」と、現状を受け入れられなくなってしまう。そうやって挫折し、辞めていった同僚を私はたくさん見てきました。

そのなかには、人間的にすばらしい人もいました。そんな、営業という仕事の本質を知ることなく去って行った人たちのことを思い出すと、私はとても残念な気持ちになるのです。

生保営業は「人としての力が試される」究極の営業職

先ほどウサギとカメの話をしましたが、実は、すぐに結果を出すウサギ型の営業マン（レディ）は、ダメになるのも早い――これは、長年にわたって成功者と失敗者を見続けてきた私の経験則です。

特に、他の業種で営業としてバリバリ活躍してきた人が生保業界に入ってくると、あっけなく陥落してしまう。そんな様子を何度も見てきました。

「私は営業に自信があります」。入社早々そう宣言するような人を見ると、「すぐに壊れるんじゃないか」と心配になります。そして、たいてい、その予想は的中します。

「自信」という言葉を平然と口に出す人、出さなくても態度や口ぶりでそれとわかる人は、お客さまに対面したとき、自信過剰が滲み出てしまいます。それでは、生保の営業は絶対に務まりません。

もちろん、営業といってもその内容は業種によって多様です。会社と会社をつなぐ大企業の営業もあれば、個人商店や中小企業向けの営業、病院や不動産など専門的な業種の営業もあるでしょう。

それらに比べて生保は、お客さま個人とマンツーマンでお話をさせていただく営業です。しかも、メーカーのように商品が目に見えるものでもなければ、システムや機能の説明をするわけでもない。人様の人生に踏み入って、そこに「安心」という目に見えない商品を提供させていただく仕事です。だからこそ、人の力が試される、究極の営業職だと私は思っています。

おそらく、自信満々の転職組や、「自分には人を説得する能力がある」などと信じて入社してくる営業志望の新入社員には、それなりに独自の確立したコミュニケーション術があって、そのやり方だけを拠り所にしているのでしょう。

しかし、そのような心の支えはとても脆いものです。こういうタイプの人間は、人の話にあまり耳を傾けない、あるいは、聞いているふりをして、自分がしゃべりたいことしか頭にない。知識が豊富で商品の情報も正確に理解しているからこそ、自信が過信に化けてしまっていることが多い。だからその分、失敗したときの挫折感も大きいのです。

生保営業の場合、お客さまはとても敏感で、そのようなタイプの人間には心を開いてくれません。でも、当の本人は、結果が伴わないと「なぜだろう」という疑問だけが湧いてきて、先輩や同僚、あるいはお客さまからのアドバイスや要望を吸収することができず、しまいには精神的に傷ついて、職場からいなくなるのです。

付け加えると、この傾向は男性に非常に多く見受けられます。外資系の保険会社には男性セールスがたくさんいらっしゃいますが、彼らは飛び込み営業という手段はほとんど採らず、知り合いからの「ご紹介営業」を主な方法としています。

ある外資系の営業マンに私たちのやり方を説明すると、彼はこう言いました。

「飛び込み営業ってつらいでしょうね。１日30軒も回って全滅だったら、ぼくはたぶんすぐに辞めてしまいますよ」

初対面のお客さまであっても事前にアポをとり、準備を整えて訪問するという、通常の営業スタイルしかこの方は経験したことがないのでしょう。飛び込みなんて、きっとプライドが許さないのでしょうね。でも、私はそれを聞いて、「この人たちは本当の営業のおもしろさを知らないな」と思いました。

こういうタイプの営業から漂ってくる「プライドらしきもの」は、私が考える営業マインドとは正反対の心理構造によって形作られたもので、ちょっと違和感を抱いてしまいます。「他者よりも、まず自分を大事にしたい」という甘えを、どうしても感じてしまうのです。

おそらく他の営業職にもそれぞれに困難があり、それらを克服することでプライドが生まれるのはわかります。しかし、あえて言わせてもらえば、生保セールスほど究極のコミュニケーション力が試される仕事はありません。私たちの仕事は、お客さまが心を開いてくださらない限り成立しない、営業職の最終形であり、その真髄を知っていることこそが私たちのプライドなのです。

断られてから本当の営業が始まる

営業に伺った先では、９割以上の方がまず断ります。「人はまず拒むもの」と、前にもお話ししたとおりです。幸い時間をとっていただいた方からも、最終的には受け入れてもらえないことのほうが多い。でも、肝心なのはそこからです。

先に述べたとおり、お客さまの断り方は千差万別であり、営業の経験を積むにつれ、そこからさまざまな人間像が見えてきます。私は、いただいた「ノー」という返事のなかから、いろいろなニュアンスを感じ取ろうとしてきたつもりです。

お断りになるなかで、いちばん多いのは「いまは保険に加入するつもりはない」とおっしゃる方々です。そういう方々は、いずれ「お客さま」になってくださると信じて、アフターケアをしっかりしなければなりません。

いまは若くて保険のことなど眼中にないけれど、結婚して子供が生まれることで家庭環境が一変するかもしれない。40代、50代の方なら老後の心配をされる、お孫さんの将来を考え始める……現時点でニーズがなくても、時期がくれば保険のことを真剣に考慮していただけるだろう。そのときのために備えて、私は根気強く連絡をとり続けてきました。

そのような地道な努力が実を結んだ例をご紹介しましょう。

入社４年目の頃に、私はある会社員の方と知り合いました。当時24歳だったその方は、目指すお仕事の勉強のために仕事を辞め、本土へ渡られたのですが、そのときに「成功して沖縄に戻ってきたら、きっと玉城さんから保険に入ります」と言ってくださったのです。

それからというもの、遠く離れてしまったその「青年」に、私は定期的にご挨拶状を送り、関係を保つ努力を怠りませんでした。

勉強の甲斐あって資格を取得し、沖縄へ戻って不動産関係の会社を興されたその方と再会したのは、20年後。会社設立1周年パーティでのことでした。そして、20年前の約束どおり、生命保険の契約をしてくださったのです。

20年もの間、約束を忘れずにいてくださったことの喜びはもちろん、立派に起業されたお客さまの姿を拝見し、まるで自分の弟が一人前になったような気持ちになりました。この方との出会いと再会は、私が目指してきた営業職としての真価がはっきりとかたちになったという意味で、いまでも心の糧となっています。

また、最初のご提案から13年間、たびたびお声がけしてもずっと断られてきたお客さまから、突然連絡があり、ご契約をいただいたこともありました。

いまニーズがなくても、時期がくればまたお目にかかる機会がある。だから、「ノー」は一時のお返事であって、営業としての本領が問われるのはそこからなのです。

対人コンプレックスをプラス思考に変える方法

もちろん、相性は大事です。「私と同じような感性の持ち主だな」とか、「ご家族思いの優しい人」など、相手の人となりをしっかり見極めて、今後もお付き合いをお願いするかどうか、判断します。私も人間ですから、たとえ仕事で伺った先でも「この人とはもうかかわらなくてもいいな」と感じる場合もあります。そういう方のお名前は、リストから消していきます。

けっして無理はしません。この先、長いお付き合いになるかもしれないのだから、自分と気の合う人から優先して営業させていただくことにしています。

新人の頃は、まだ人を見る目なんて養われていませんから、こちらの話を少しでも聞いてくださった方であれば、それこそ無作為に何度もお訪ねしたものですが、それではなかなか成果は表れないものです。

一見、とっつきにくい印象の方でも、時間がたつにつれ和やかになる方もいれば、最初はにこやかな表情をしていても、実は自己主張が強いだけで頑なな方もいます。何百人、何千人に断られ、そのパターンが蓄積することで、私は人との関係を築く術を身につけていったように思います。

口ベタで対人関係を築くのも苦手だった私が、営業の世界に入ってここまで成長して長年勤めてこられたのは、前々項で述べたような営業レディ（マン）タイプの人間ではなかったからです。

逆説的に言えば、営業という職種は、いわゆる「営業トーク」を駆使して前のめりになるだけでは、かえって成果はあがってこないということです。

前にも述べたように、もともと人に対して積極的に話ができるほうではなかった私は、このマイナスをプラスに転化してきました。経験を積むごとにいろいろな発見があり、それに伴う工夫はしてきましたが、突きつめれば、営業のコツは「いかにこちらの誠意や熱意を相手に伝えられるか」なのです。

こう表現するといかにも月並みな印象を与えてしまうかもしれませんが、要は、どれだけお客さまの声を真摯に受け止められるか。簡単に言えば、「聴く耳」を持てるかどうか。営業のコツはこの一点に尽きます。

マネジメント理論の権威であるピーター・ドラッカーはこんな言葉を残しました。

「多くの人が、話し上手だから人との関係づくりは得意だと思っている。対人関係のポイントが聴く力にあることを知らない」

私はこの名言から大きな勇気をもらいました。

「聴く力」とは、すなわち心を開き、相手の立場になってものを考えることです。お話をして打ち解けてくれれば、ときに悩みを打ち明けてくれる方もいます。将来への不安や人生設計について吐露してくださる場合もあります。

私はそのとき、謙虚に耳を傾け、その方のお話に共感させていただくだけです。

お会いして、先方の事情もわからないまま商品を押し付ける営業は、手段として下品きわまりないもの。優れたセールスとは、けっして商品を強く押し出すことや巧みな会話術で相手を丸め込むことではないのです。

営業は農業と同じ

「営業とはどんな仕事ですか？」と問われたとき、私はいつも「農業と同じですよ」と答えます。

農作物は1日で育つものではありません。その土地の気候や土壌に合わせて、適した産品を選定し、土を耕し、水や栄養を与えてやればやがて花が咲き、実がなります。

「桃栗3年、柿8年」ではありませんが、営業もまた耕作から水やりと、こまめに「世話」をしながら育て上げ、時間をかけて果実を手にする仕事だと思うのです。

この世界に入って飛び込み営業を繰り返しながら、数多くの見知らぬ方たちと知り合うことができました。たとえ断られたとしても、「自分はいま、土を耕し、種をまいているのだ」と思えば、やる気は出るし、楽しみも増えます。

ときには台風が襲来して実りかけの作物がダメになってしまうこともあります。日照り(門前払い)が続いて種さえまけないときだってある。でも、それが農業であり、かつまた営業なのです。

それでも、「いつかは花が咲く」と信じて丹念に水をやり続ければ、半年、1年後にはポツリポツリと芽が出てきます。先ほどの話のように、20年もの歳月の後に実りを得ることだってあるのです。

「そんな悠長な話をされても困る」とおっしゃる方がいるかもしれません。たしかに、すぐに結果を求められる立場の営業マン(レディ)がたくさんいらっしゃることは理解できます。ただ、誠心誠意、商品を売るという行為にスパンの長い短いは関係ありません。性急に結果だけを求めて仕事をしていては、契約という作物は育ってくれません。

私は「カメのように一歩ずつ歩むことを心に決めた」と言いましたが、それはもちろん、のんびり仕事をすることを表しているわけではありません。「いま何をするべきか」をきちんと整理し、目標に向かって努力を怠らないことを意味します。

お客さまと出会って契約をいただけば、それで終わりということでもありません。一度収穫できた作物は翌年も、その何年後にもまた実をつけてくれます。その繰り返しです。だから、いったんお客さまになっていただいた方々へのフォローを忘れてはいけない。そのテクニックや習慣づけについては次章以降で詳しく述べることにしますが、その心構えもまた、私がトップセールスになれた大きな要因なのです。

マイナスな出来事をどう受け止めるか

自分のマイナス（短所）をプラス（長所）に変えることで、私はトップセールスとなる基礎を築いてきたと述べました。

「マイナス」も考え方ひとつで「プラス」に変えられる――それは、日々の営業活動においても常に心がけてきたことです。

たとえば、準備万端整えていたのに、面会のお約束が先方の都合でキャンセルされたとします。それは、いいように避けられているのかもしれない。また、契約寸前までお話が進んでいたのに、突然断られることもあります。ライバル他社に契約を奪われることだってあるかもしれません。

このように、目の前で起きたマイナスな出来事をどう捉えるのか。それもまた、営業を続けていくうえで重要なポイントです。

もしかしたら、避けている方だって「申し訳ないな」と思っているかもしれない。また、「今回は断ったけれど、次の機会があればあの人と契約を結んでもいいかな」と思ってくださっている可能性もあります。

要は、ピンチをピンチとだけ捉えずに、その状況を受け入れて、「これはチャンスかもしれない」と心を切り替えることです。

ご親戚の関係などで他社の保険に加入されているお客さまなどは、いくらお願いしても無理なものですが、ご親戚の方が退職されると、急にこちらの提案内容を前向きに検討してくださることもありました。

このように、一度断られても、時間がピンチをチャンスに変えてくれることだってあります。地道で息の長い営業を続けていれば、いつか思わぬ実を結ぶことがあるのです。

ピンチをチャンスと捉えるために

逆に、なにもしないうちに突然目の前にハッキリと現れるチャンスは、はかないもののように思います。初対面でポンと契約をいただいたお客さまほど、あっという間に解約されることが多いからです。

タナボタのような成果を、私はあまり歓迎しません。たしかに喜ばしいことではありますが、保険という商品は長く続けていただくことに意味があるからです。

ピンチからの逆転で得たチャンスほど、後々、大きな果実となって返ってきます。それを実現させるためには、「ピンチこそチャンスだ」と気づく力を養うことが重要です。

ピンチをチャンスと捉えるためにはどうすればいいのか。そこには営業職としてのマインド維持が大きくかかわってくると、私は思うのです。

まずは、自分を肯定することから始めなければなりません。新人時代、会社からアテにもされず、契約を取れないままスゴスゴと帰る道すがら、落ち込むことがよくありました。

でも、そのとき「自分が自分を信じてあげなくて、誰が信じてくれるのだ」と思うようにしたのです。矢野恒太の生き方に感銘し、好きで始めた営業です。「私は辞めませんから」と、お目にかかる方、一人ひとりに伝えてきたのです。些細な失敗が続いたくらいで、投げ出すわけにはいきません。

「小事細事に大事は宿る」と言います。日々のなかで味わう挫折を克服していくことは、私の営業人生にとってかけがえのない財産となっていきました。

1年半で営業主任となり、2年目からはキャンペーンで入賞し始め、3年目には「首里に玉城あり」というフレーズまで頂戴するようになったのですが、その間にも数々の「マイナス」が襲いかかってきました。

しかし、私はそのたびにこう自分に言い聞かせてきたのです。

「私は成長株である」

「だから、経験したことはすべて勉強だと思え」

「勉強は自分への投資であり、成長するための推進力なのだ」

物事をポジティブに捉えることの大切さは、多くの心理学者が科学的な根拠をもとに語っています。まさにそのとおりだと私も思います。

「前向きな言葉」のすごい力

たとえば、来る日も来る日も契約が取れなかったとき、私は前向きな言葉を自分にかけてあげました。それだけで、カラダのなかの小人さんたちが活気づいて、力を発揮してくれるからです。

日々の営業活動のなかでも、「30軒も断られたのだから、31軒目にはいい人とめぐりあえるわよ」などと、声に出して話しかけていました。そうやって、実際に契約が取れたことだってあります。「やっぱり、言葉の力ってすごいな」と思ったものです。

日本には「言霊信仰」というものがありますね。言葉には霊力が宿っていて、口に出すことが実現するという考え方です。私はその信者だと言ってはばかりません。

その「信仰」は、行動にも反映されていきます。私は、前向きに仕事に取り組んでいる人以外とは、なるべく距離を置いていこうと決めました。

契約が取れないと、どうしても弱気な言葉が口をついて出てしまい、愚痴っぽくなってしまいます。そういう人たちの輪の中に入ってお付き合いしていると、自然と自分も同調してしまいそうになるからです。

私はけっして、そういう後ろ向きの仲間とは行動を共にしない、前向きな人とだけ一緒にいることにしたのです。

言葉選びは本当に大事です。元気の出る言葉を発して、自分の細胞に言霊のパワーを注入すれば、目の前の世界が変わっていくような感覚になるのですから。

落ち込んだときこそ本を読もう

「あなたは営業には向いていない」――この仕事を始めるときに周囲からさんざん忠告された私は、思いどおりに契約が取れない日々のなかで「やっぱりそうなのかな」と悩んだこともありました。自分の性格は自分がいちばんよくわかっている……そう考えれば考えるほど、「無理かもしれない」と弱気になったものです。

でも、果たしてそうなのか。頭のなかでそう思い込んでいるだけで、本当は自分にとって営業は天職かもしれない。この仕事を続ける決意をしたときのことを思い出しては、私はこのように自分を説得してきました。

落ち込んでストレスがたまり、精神的にどうしようもなくなることも多々ありました。でも、営業という職種は、ある意味「ハイな状態」を維持しなければなりません。いくら気分が乗らないからといって、暗い顔をしてお客さまと対面していては、取れる契約も取れなくなってしまいます。

人間誰しも、ハイの状態を続けられるわけがありません。だから、「ちょっと憂鬱になってきたな」と感じたら、私は気持ちを落ち着かせ、バタバタせずにじっとしておこうと割り切ることにしていました。

営業をやっていると、「人にはバイオリズムがある」ということを思い知らされます。うまくいかないときは、何をやってもダメです。

そんなときは、怠けることも大事な軌道修正になると思うのです。ただ、漫然と公園のベンチに座ったり、喫茶店で時間をつぶしたりしていては、本当の修正にはなりません。音楽を聴いたり、映画を鑑賞したりする人もいるでしょうが、それは気分転換にはなるかもしれないけれど、根本的な解決にはならないと思います。

そんな、迷いや困惑に支配されているときこそ、知識や情報を吸収する絶好の機会です。私は落ち込んだとき、決まって書店に立ち寄り、成功した経営者たちの伝記や人生の指針になるような啓蒙書を買いあさり、むさぼるように読みました。

好不調の波が下降しているときこそ、読書は深く自分を見つめ直す最適の処方箋になります。偉大な先人の逸話には、自分の現状と照らして参考になる言葉がちりばめられています。

バイオリズムが最底辺にあるときこそ、自分を成功に導いてくれるヒントを得るための絶好の機会であり、読書は長くそこにとどまらないようにするための起爆剤にもなるのです。

読書の有効性については、第3章でさらに詳しく述べることにします。

「心は自分自身の力で変えられる」

私は本章で数多く「マインド」という言葉を使ってきました。営業にとって最も大切な要素がこのマインドであると、私は信じています。

では、それは何を指す言葉なのか。同じような意味の「メンタル」や「スピリット」という言葉もありますが、「マインド」は少しニュアンスが異なります。

メンタルやスピリットという表現は、よく「精神」とか「魂」という日本語に置き換えられます。そこには、人間が生来持っている自然発生的なものという意味合いがあるのではないでしょうか。

いっぽうマインドとは、「人が意識的に形作る心であり、そこには実践が伴う」と私は解釈しています。言語学的に正しいかどうかはわかりませんが、本書で言う「マインド」はそういう意味だとご理解ください。

米国の心理学者、ウィリアム・ジェームズ博士は次のような名言を残しています。

「心が変われば行動が変わる。行動が変われば習慣が変わる。習慣が変われば人格が変わる。人格が変われば運命が変わる」

営業で思い悩んでいた頃に出会ったこの言葉は、私を大いに勇気づけ、育ててくれました。

心は自分自身の力で変えられる——私が飛び込み営業を克服し、そこから多くのことを学び、成長できたのは、まさにこの言葉を日々反芻しながら生きてきたからにほかなりません。

では、どうやったら心を変えられるのか。私の経験から、そこにはまず「気づき」がなければならないと考えています。気づくことができれば、「思考」が生まれ、初めて心を変えられるのだ、と。

そのためには、自分の意識のなかの「アンテナ」を磨いておかなければなりません。マイナスをプラスに転化するためのきっかけに気づき、ピンチをチャンスだと思えるようにするスイッチにいつも手をかけておく感性がなければ、自身に起きた出来事や目の前にある現象を見過ごしてしまうことになります。

成功の秘訣はマインドにあり

営業職なら一度は聞かされたことのある有名な「たとえ話」がありますね。

「アフリカに行った靴屋さん」のお話です。私はこれ、大好きなんです。

ご存じない方のためにご紹介しましょう。

ライバル同士の靴店、A社とB社の営業がアフリカへ靴を売りに行き、そこで見た光景に2人とも唖然とします。

なぜなら、そこで暮らす人々は誰もが裸足だったからです。

A社の営業は「誰も靴を履いていないのだから、ここには市場はない」と判断して引き揚げます。いっぽう、B社の営業は「誰も靴を履いていないのだから、靴の良さを知れば必ず売れる」と考え、セールスを開始するのです。

同じ光景を見ても、人によってその捉え方はまちまちです。一見、マイナスと思える状況も、ちょっとした「気づき」によってプラスに転換できる――それが営業の成否を決め、会社の業績をも左右するのです。

事なかれや否定的な発想に慣れてしまうと、負のマインドが形成されてしまい、人間はどうしても思い切った行動がとれなくなってしまいます。

マインドづくりがしっかりできている営業ならば、必ずB社のような決断をするはずです。

「ピンチをチャンスへ」「マイナスをプラスへ」――私は仕事を通じて、常にその意識づけだけは忘れないようにしてきました。そうして、「成功へのプロセス」を見出してきたのです。

第2章
【テクニック編】

「売れる営業」のコツを知る

営業とは人間関係をつくりあげる仕事

生保セールスの流儀やしきたりは、会社によって大きく異なります。前章でも述べたように、外資系や国内のカタカナ保険会社は「飛び込み営業」や会社を訪問する「職域営業」は行いません。私が勤める第一生命など、国内漢字会社だけが伝統的にこの手法を使っています。

インターネット全盛の現代において、私たちのような対面重視の営業を行うことは非効率的だし、保険料の低価格競争においても不利だという指摘があることも承知しています。もちろん、最終的に選択の決め手となるのは保障内容や価格など、商品の中身でしょう。しかし、私はそれだけではないと思うのです。

このまま情報化社会が進化すれば、いずれ商品の提案はＡＩやロボットに取って代わられるかもしれない、と本気で考えている人もいるようですが、営業という仕事は、統計や傾向分析がいくら発達しようが、なくなるはずがありません。

いや、正確には、前章で述べたような「マインドを失った営業」が淘汰されていく時代がくると言ったほうがいいでしょう。

なぜなら、人と人とのつながりや信頼関係を大事にすることこそ、モノを売る営業職にとっての最強の武器であり、今後もそれは不変だと確信しているからです。

本章では、私がトップセールスとなるまでに心がけてきた「売るためのコツ」を紹介していきたいと思います。それは、すなわち「人間関係を上手につくりあげていくコツ」であるとも言えます。

たくさん断られることを目標にする

飛び込み営業は、私の原点でした。未知の荒野を耕しながら、そこに花を咲かせ、実を収穫するという行為は、工夫と努力によって大きな成果をもたらしてくれる。そのコツを会得すれば、どんな営業でも怖くなくなります。

知らない人のお宅を訪ねて行う営業は、知り合いやそのツテで紹介された人に行う営業に比べて、契約が取れたときの喜びや感動が違います。それに、営業職としてのコツや勘を身につけるためにも、圧倒的に役立ちます。

まだ駆け出しだった時代、ドアが開くときは本当にドキドキしました。怖くて仕方なく、それでも勇気を振り絞って1軒ずつドアをノックしていきました。

当時の私はとにかく必死でした。契約が取れずに気が滅入る日が幾日も続くこともありました。しかし、ある日、「どうせ断られるのなら、せめて顔見知りになっていただくだけでもいい」と割り切ることができたのです。

もとからの友人や学校時代の同級生にお願いして断られるほうが、見知らぬ人に断られるより精神的につらいもの。なんだか自分を否定されているような気分にもなります。それなら、いっそダメ元で飛び込みを続けて断られるほうがいいじゃないか、と思えるようになったのです。断られる練習だと思って、「いまのうちに、たくさんの方に会って、断られておこう」と考えたのです。

そういう心理が芽生えたことだけでも、私にとっては大きな進歩でした。それからはだんだん飛び込み営業に対する免疫力がついていきました。名刺一枚で知らない人と知り合いになれる。なんて素敵な仕事なのだろうと。

そう考えたら、次は「なんとか自分のことを覚えてもらおう」という意欲が湧いてくるものです。

「売りに行く」のではなく「私を受け入れてもらいに行く」

その頃の私がどのようにしてお客さまを獲得していったのか、お話ししましょう。

飛び込み営業中に断られる理由として、最も多いのが「すでに加入しているから」と言われるパターンです。「親戚が生保会社に勤めているから」とか「大学の先輩からも頼まれているので」という返事もよく聞かされました。

何度も同じようなやりとりをしていると、その方が本当のことをおっしゃっているのか、その場しのぎで適当なことを口にしているだけなのか、だんだん察しがつくようになってきます。口調や表情から微妙な心の動きがわかるようになるのです。

「この方は、反射的に自己防衛本能が働いているだけ。ちゃんとお話しすれば、聴く耳を持ってらっしゃるに違いない」

そう感じたときには、改めて訪問することにしました。

二度目にお訪ねすると、たいていの方から最初、「しつこいな」と思われてしまいます。

たしかに、一度断っているのだから、「何しに来たの?」となりますよね。

ただ、そこからの努力と継続がセールスの成否を決めます。

最初の出会いで拒否反応を示された方でも、「これは」と感じたお相手とは、しつこい印象を与えないように注意しながら、あわてず時間をかけて距離を縮めていくことです。この間合いを間違えると、完全に拒絶されてしまうでしょう。

関係が近づいてくれば、人間は本音で話をし始めるものです。

「親戚が生保に勤めている」と言っていたのに、「実はそんな人、いないのよ」とか、「本当は保険のことを考えていたんだ」という話が出たりします。

みなさん、押し売りに来た業者からモノを買うという行為は、なんだか自分が丸め込まれたような気分になりませんか。保険という「実物」のない商品の場合、なおさら抵抗感が増すはずです。

だから、私は「売りに行く」のではなく、「自分を受け入れてもらいに行く」という意識で営業を行ってきました。

初めてお目にかかったときにはあれほど拒絶されていた方が、時間がたつにつれて、だんだん好意を寄せてくださるようになる。お客さまの心が変わっていけばいくほど、私の心も晴れやかになっていきます。

そして、「断りは挨拶のひとつなのだ」ということを改めて実感するのです。

ただし、お客さまになっていただいた方との関係はそれからも続きます。いや、この先の時間のほうがはるかに長い。

だから、ご契約をいただいた日は、それまでの努力が報われてホッとする気持ちになるのはもちろんですが、それ以上に、そのお客さまの心が私から離れていかないようにせねばと、気を引き締める日でもあるのです。

「私と友だちになっていただけませんか」

では、自分の存在を知ってもらい、受け入れてもらうためには、どのようなアプローチがいいのか、私は考えました。そこで、受け持った地域で「友だちを増やしていこう」と決めたのです。

「今日は営業として伺ったのではありません。私と友だちになっていただけませんか」

そう切り出すと、案外、お話をしてくださる方が多かった。たとえば、当社ではアプローチ用として「料理カード」を準備していたのですが、主婦の方にそれをお渡しすると、自然と料理の話題で盛り上がったりします。

また、お子さんがいらっしゃれば、「料理カードのおねえさんが来たよ」なんて言われて、私自身の子育てにまつわるエピソードなども披露しながら、徐々に打ち解けてくださる方が増えていきました。

そんな「営業」を1年余り続けていたある日、仲よくさせていただいている女性の方から、「主人が保険のことを考え始めたので、相談にのってほしい」と言っていただけたのです。

その方からは最初、「保険会社に友人がいるので、加入する予定はありません」と断られていました。でも、「その人が会社を辞めたので、これを機会に見直したい」と、わざわざお電話をいただいたのです。

私は感激するとともに「やはり、私のやり方は間違っていなかった」と、営業職としての「自分のルール」に誇りと自信が持てるようになりました。

まだこれといった成果はなくても、自分を信じ、思い切って一歩前に踏み出せば、こんな私にだって新しい人間関係を生み出すことができる——経験を積み重ねていくうちに、だんだん目の前が開かれていくような気がしました。

その方とは、お子さまたちもご加入くださり、38年たったいまでも濃密なお付き合いをさせていただいています。

自分のなかのアンテナをいつも磨いておく

ただ漫然とドアをノックし続けている人、そして断られてガッカリし続けている人は、決まって人間関係を築くうえでの感覚が鈍っているように思います。

人との出会いを楽しめるかどうか、その出会いをどのように発展させ、結果へと導いていくか、それが営業の醍醐味なのに、こういう人たちはそれを知らずして挫折し、辞めていくことになります。

前章で、自分の意識のなかにあるアンテナを磨いておけば、「気づき」が生まれる、と述べましたが、そういった努力は、どんな些細なことをきっかけに実を結ぶかわかりません。

実は、私はかつてアマチュア無線をたしなんでいました。人とコミュニケーションをとるのが下手だったので、電波を通じて共通の趣味を持つ人たちと交信して「世界」を広げていたのです。これなら、対面しなくてもすみますからね。

情報をキャッチする機能という意味で、私が「アンテナ」という言葉をよく使うのも、その影響なのです。

入社2年目のとある週末、飛び込み営業で歩いている際に、無線用のアンテナが立っているお宅を見つけたことがありました。「これは話が合いそうだ」とうれしくなり、さっそく呼び鈴を鳴らしたのですが、そのときは残念ながらお留守でした。

すると、お隣の方がドアを開けて顔を出され、「そこは、昼間は仕事中だから誰もいませんよ」と声をかけてくださったのです。

それは思いもよらぬことでした。こちらが伺う前に先方からお近づきになってくれたのですから。こういう機会はめったにありません。しかも、とても感じのいい女性で、お話も弾みそうではないですか。

私はさっそく、「この地区を担当している生保営業の者ですが、短い時間でけっこうですからお話をさせていただいてよろしいでしょうか」と丁重にお願いしたところ、それがきっかけで私のお客さまになっていただき、その後、ご家族のみなさんと長いお付き合いをさせていただいています。

縁はどこに、どのような経緯で生まれるか、まったく予想もできません。あのとき、アマチュア無線愛好家のお宅がお留守でなかったら、その方とはもしかするとまったく違った関係になっていたかもしれません。

私を成長させてくれた、前職の先輩や同僚たち

実は、厳しい日が続いているときに、何度か前の職場にも顔を出したことがあります。追いつめられると、やはり知人に頼ってしまう弱い自分もいたのです。

ところが、何度顔を見せても、彼女たちはなにかと注文をつけては保険に入ってくれようとはしません。お土産を持って行っても、「今日のはつまらないわね」と言って、返されることもしばしばでした。

ところが、何度か通ううちに、「あなた、すぐに辞めると思っていたけれど、意外と長続きしているわね」と声をかけられるようになり、私を見る目が少しずつ変わってきたのです。

この仕事を始めるとき、「どうせ玉城は長続きしないだろう」と思っていた人たちですから、3カ月、半年と私が継続できていることに驚いた様子です。

なかには、「あと1年続いたら」と目標を設定してくれる先輩がいました。そこまでがんばったら契約してもいいよ、ということです。私にとって、それは大きな励みになったと同時に、どうやったらお客さまの数を増やすことができるのか、知恵と工夫をこらす後押しにもなりました。

それから、嫌みのないように気をつけながら、その方には定期的にお便りを出して現状を報告し、その日が来たときに約束どおり契約をいただいたのです。

もし、初めて職場に伺ったときに、昔の顔なじみということですぐに契約をいただいていたら、「営業ってこんなものか」と、この仕事を軽く考え、成長できなかったのではないか……私はそう思うのです。

すぐに契約をしてくれなかった元同僚や先輩たちのことを、私はいまでも感謝していいます。知り合いに断られるのはつらいことと言いましたが、それは、その時点であきらめてしまうからだと悟りました。

断られたままでは後味が悪いし、せっかくの人間関係がそこで断絶されてしまいます。今後にわだかまりを残すことがいちばんいけないので、貴重な時間をいただいたことに感謝しながら、根気強くお便りをお送りしながら待てばいいのです。それで、結局は契約をいただけなくても、それは仕方がないと割り切ることです。

お客さまに伝える3つのこと

前章で言霊の話をしました。それがマイナスをプラスに変えられるし、その逆もある。これは、お客さまとの会話でも言えることです。

「言葉の力」は、すなわち営業力、ひいては人間力です。この仕事を始めるまで、口ベタをコンプレックスに感じていた私だからこそ、言葉の大切さは痛いほどわかっています。それは、武器にもなるし、落とし穴にもなるのです。

仕事に熱心な営業は、商品の知識を人一倍勉強して蓄え、それをお客さまの前で全部吐き出そうとする傾向があります。心がけとしてはとても立派ですし、お客さまにその商品の良さを知っていただくためには必要と考えても仕方ありません。

たしかに、営業という仕事は、その商品がいかに優れているかをお客さまに対して丁寧に説明しなければなりません。商品の特長はもちろんですが、知っていただかなければならない情報をはっきりお伝えすることは、営業職としてのマストです。

そのうえで、どのようにお客さまに接すれば好感を抱いていただき、買っていただけるのか。その工夫がなければ、成果には結びつきません。

これはどのようなモノを売る営業にも共通して言えることだと思いますが、商品の機能や装備をこと細かに説明したところで、お客さまの脳には半分も届きません。

「この商品は他と何が違うのか」

「メリットとデメリットはどこにあるのか」

「コストパフォーマンスはいいのか、悪いのか」

結局、お客さまがいちばん知りたいのはそれだけ。この3点をわかりやすい言葉で伝えるだけでいいのです。

自社の商品をよりよく感じていただくために、誇大なフレーズを連発し、欠点や短所を過少に話す営業は、最後に墓穴を掘る可能性があります。売り口上を素直に聞いてくださるお客さまならまだしも、斜めからモノを見る方から言葉の矛盾を突かれることがよくあるからです。

ですから、ここでもまず「聴く耳」を持つことが重要です。お客さまが何を求めているのか、何を避けたがっているのかを把握しなければなりません。
そして、なるべくシンプルに、お客さま個々のニーズに合った説明をするのです。

「営業の人」から「友人」に

さて、実物の商品を売る場合は、お客さまにそれを提示し、あるいは製品の写真が掲載されたパンフレットなどをお見せしながら営業を行えます。食品ならば、試食や試飲をしていただいて、「おいしい」と感じていただくことができます。まさに、百聞は一見（もしくは一食）に如かず、というわけです。

いっぽう、生命保険はそうはいきません。

「将来への安心」という目に見えない商品を売るという点で、ハードルは相当高いのですが、そこにお客さま個々に合わせたプランを提供しなければならないからです。

こう言うと乱暴かもしれませんが、人はあまり将来のことを深く考えていないものです。

不幸なニュースや病気の話題が出ても、「自分だけは大丈夫」と無根拠に思い込んでしまうタイプが日本人には多い、という話を聞いたこともあります。

たしかに、若年層には「なんとかなる」とか「不幸なことは考えたくもない」という方が多く、中高年層は「いま加入している保険で十分だ」と言いながら、その内容についてはあまり深く理解していない場合が多いようです。

私たちの営業は、まずお客さまにご自身の「ニーズ」に気づいていただくことから始めなければなりません。そして、保険に対する意識を高めて、十分に納得してからご加入いただきたいのです。ワケがわからないまま契約に至った方ほど早期の解約にもつながるので、これは私たちがケアしなければならない最重要ポイントのひとつです。


誤解を恐れずに言えば、私は、生保営業は「お客さまを育てる仕事」だと考えています。出会ってから契約までの間、少しずつ、保険への理解度を深めていただくことで、「よし、この保険に入ろう」と決断していただくこと、さらには将来、「この保険を選んで本当によかった」と感じていただくことを目標にしているからです。

その際、私は「教える」のではなく、あくまでも「促す」、あるいは「導く」という意識でお客さまに接するように心がけます。

契約内容についても、なるべく先方の置かれた状況や気持ちを斟酌しながら、謙虚な姿勢を崩さずに説明します。もし私に対して、少しでも「上から目線」で言われているような感覚を抱かれてしまえば、お客さまは心を閉ざしてしまいます。

この点は、細心の注意を払いながら行う必要があるのです。

そうすると、お目にかかる回数が増え、時間がたつにつれて、お客さまの私を見る目が変わっていきます。もはや「営業」でやって来た人間ではなく、自分の将来を親身になって考えてくれる「友人」になっていくのです。

そうすると、保険に加入していただく際には、会社との契約というより私個人との関係でお入りくださる――実際に「あなたから買いたい（契約したい）」という言葉をいただけたときは、営業職として最高の誇りを感じます。

農業にたとえて言うなら、手塩にかけて育ててきた作物が、いよいよ実った瞬間です。でも、その過程で私がマニュアルに則ってやることといえば、最低限の情報をお知らせするだけ。あとは、お相手の方がこれからどのような人生を歩んでいきたいのか、その期待と不安と備えについて真摯に向き合う。そして、お客さま自身の意識が変化（成長）していくのを待つのです。

「壁」を乗り越えるということ

「育てる」という言葉は、すなわち「お客さまに気づいていただく」という意味で使っています。商品の必要性はもとより、人が生きていくうえで、生命保険がいかに役に立つのかを認識していただく過程で、私はそのお手伝いをしているのです。

そのいっぽうで、さまざまな方と出会うなかで、私自身が勉強させられたことも数多くあります。

入社して8カ月の頃です。ある薬局へ飛び込んだのですが、例によって店主からの返事は「お断り」。ただ、「この方は脈がありそうだ」という直感が働いたので、私はその後も定期的に訪れていました。保険の話はいっさいせずに、「お友だちになっていただけませんか」というアプローチです。

するとある日、いつものようにご挨拶のために伺うと、その方が保険についてあれこれと質問をしてきたのです。しかも、かなり専門的で、当時の私では太刀打ちできない内容ばかりでした。

私が答えられずにアタフタしていると、「そんなこともわからないのか」と叱られる始末。「ボーッと営業してんじゃねーよ！」というわけです。

「この方は、生命保険について相当勉強しているに違いない。プロの私が負けるわけにはいかない」

そう決意して、出された難問に対してお答えできるように準備して伺うと、またまた複雑な質問を投げかけられる――そんなことを何度か繰り返すうちに、いつしか勉強習慣が身について、私は一気に知識を蓄えることができました。

その方との出会いが、セールスレディとしての心に火をつけてくれたのです。

最初に難しい質問をされたとき、そこで「恥をかかされた」と感じたり、「意地悪な人だな」とマイナスな印象を抱いたりしていたら、その薬局には二度と訪れることもなく、私の成長もストップしていたかもしれません。

壁が目の前に現れたら、それを避けるのではなく、よじ登ってクリアしていくことも学んだ経験でした。

貴重な「壁」となっていただいた薬局のご主人は、攻防戦とも言えるコミュニケーションを続けるうちに、すっかり私と打ち解けてくださいました。そして、なんと３０００万円の終身保険（全期前納）にご加入くださったのです。

ご主人から「一括にしたい」というお話をいただいたときも、何のことだかわからなかったほどです。新人の私に、当時で1000万円近い大金を任せてくださるなんて……私はこのとき、「絶対にこの仕事を辞めてはいけない」という思いを改めて強く抱きました。

のちに払込み満了を迎えたとき、「どうしてあんな駆け出しの私から契約してくださったのですか？」とお尋ねしたところ、「この子は絶対にがんばる。だから信じよう」と、ご夫婦でお話しされたのだそうです。

そのお話をうかがったとき、私はうれしくて涙があふれてきました。また、お客さまの信頼を裏切らずにがんばってきて本当によかったと、心から思いました。

その後、奥さまにも生命保険にご加入いただき、現在でもお付き合いをさせていただいています。

この経験は、保険営業を担う身として、「自分の仕事にミッションを課すこと」「そのミッションを乗り越えること」の意味について深く考えるようになった大きなきっかけであり、私にとって心の財産となったのです。

お客さまに会うときの姿勢とエチケット

営業でお客さまのところに伺うときのエチケットについてよく質問されるのですが、私は基本的に「常識の範囲内で」とだけお答えすることにしています。

身だしなみは、男性ならばスーツにネクタイが当たり前、女性ならば派手にならないように注意しながら、清潔感のある服装が好ましいでしょう。

スカートの丈が短すぎたり、胸元が開きすぎていたりする後輩を見かけ、注意したこともあります。いまどき色気を武器に売り込みに行っても通用しません。かつてはそういう手法もあったと噂されたこともありますが、それは過去の話です。

会社へ伺う場合と個人宅を訪問する場合とでは、営業のやり方も異なります。男性は主に企業、女性は個人宅という棲み分けがあります。

昼間、個人宅には奥さまがいらっしゃるケースがほとんどなので、男性が訪れるのは控えます。どうしても圧迫感を与えてしまうし、お話をしたくても玄関先だけということがほとんどです。やはり、女性のほうが受け入れられやすいでしょう。

第一声でご挨拶する際にも、私は大きな声を出さないことを心がけていました。説明をするときには、早口でまくしたてないことも。第一印象で相手に引かれてしまっては、大きなハンデを背負うことになります。

ただし、ハキハキとしゃべらなければ、かえって怪しげな印象を与えてしまうので、そのへんのバランスはしっかり注意しなければなりません。

何度も断られていると、投げやりな話し方になったり、わずかながらでも横柄な態度が出てしまったりする「危険性」があります。また、営業に慣れてしまうと、情報伝達が「読み上げ調」になりがちです。

そうすると、相手は「マニュアルをなぞっているんだな」と感じ、大げさに言うと、私たちを「人間」と見なしてくれなくなるかもしれません。

話し方や態度は、性格に左右される面もあります。真面目で仕事熱心な人ほど、思いつめたような話し方になってしまい、かえってお客さまに「付き合いにくそうな人」と思われてしまいがちです。

誠実に心を込めて商品を紹介するのはいいことですが、その後に「人間関係」を築いていくには、相手に安心感を抱いてもらい、「また会ってみたい」と思われることが重要です。

30年以上の経験を持つ私ですが、お客さまとの接し方に関しては入社当時とまったく変わらないように気をつけています。

「なにかあったときは、いつでもお電話をくださいね」とか、「いつでも、何時でもけっこうですから」と、やんわりお伝えし、携帯電話の番号をお知らせします。こちらから胸襟を開いて、率直にお話をする。そして、いかに経験を積んで「百戦錬磨」になったとしても、けっして初心を忘れない。それが私の考える営業のルールです。

会うことだけが営業ではない

長くこの仕事を続けていると、お客さまの数もそれなりに増えていきます。現在、私は1300人を超える方々と「お客さま」としてお付き合いさせていただいています。それは、初心を忘れず、「絶対に辞めない」と決意した入社当時の私がもたらした成果だと自負しています。

しかし、年々お客さまの数が増えてくると、すべての方に平等にお目にかかることは物理的に難しくなっていきます。1年に一回もお会いできない方もたくさんいらっしゃいます。遠い町に転居された方など、なおさらです。

そのような方々も、私にとっては大事なお客さまであることに変わりはありません。5年、10年、いちばん長い方になると40年近いお付き合いを続けさせていただいています。その間、私たちはお互いに年を重ねていきます。ご家族が増えたり、あるいは亡くされたり、環境の変化もあります。

私は、なかなかお目にかかれない方々には、定期的にお葉書をお送りし、私の近況をお伝えするようにしています。そして、

「玉城さん、これからも末永くお世話してくださいね」

というようなお便りをいただくと、うれしくて涙が出そうになります。そして、続けることの大切さをしみじみと感じます。まさに、「継続は力なり」ですね。

そして、そのたびに私は、自分の体力と営業能力が尽きるまで、この仕事を続けようと心に誓うのです。

ただ、「定期的に」といっても、お便りを出すタイミングというのも大事です。特にお付き合いが始まったばかりの方にしつこく連絡をとると、迷惑がられます。「自分がされて嫌だと思うことはやらない」ということです。

だから、自分の存在を覚えておいていただく、あるいは、「私はまだ続けていますよ」というお知らせを、1年に一、二度の割合で行うのが適切だと思います。

年賀状や暑中見舞いなどの季節のご挨拶、加えて誕生日カードや出産祝い、転勤されたときの励ましなどをお送りすると、お相手の心にも残るのだと思います。

また、遠距離に引っ越されて、直接お目にかかれない場合などは、会社として丁寧な対応を欠かしません。ときおり携帯電話が鳴って、「玉城さん、入院することになったのだけれど、対応してもらえますか」といったご相談を受けます。そんなときは、その地域にいる営業をご紹介するとか、フリーダイヤルに電話していただくなど、詳しくご案内をします。

それは、現地の担当者が退職してしまった際も同じです。私が責任を持ってお世話をします。私のお客さまですから、どんなときもきちんとフォローする。それが営業としての義務だと考えています。

約束した時間に遅れてしまったら……

営業の現場でいちばんやってはいけない行為、それは時間にルーズなことです。お客さまのお宅や会社へ伺うときももちろんですが、外出先でお目にかかるときは特に気を遣います。絶対にお待たせしてはなりません。

1分でも遅刻すれば、こちらがどんなに誠実な態度をとっても信用されない可能性があります。それは、お客さまに対する「裏切り」であると、私は肝に銘じていました。

もし、どうしても約束した時間に遅れてしまうときは、必ず事前にその旨をお伝えしておきます。そのとき、絶対に言い訳はしない。ましてや、遅れた理由を「物語」にしてウソをつくのはもってのほかです。

交通機関の遅延など不可抗力もときにはありますが、それもこちらの不注意として認識しなければなりません。

当日は、素直に謝り、もし次にお目にかかる機会があれば、そのときに初めて「あのとき、実は……」と、理由をお伝えします。遅れてしまった直後に話をすれば、たとえ本当のことであっても、相手の心証を害する恐れがあるからです。

時間にルーズだと、何事においてもいいかげんな人という印象を持たれてしまいます。これは、営業職はもちろん、仕事をしている人ならば常識としてわきまえておかなければならないマナーでしょう。

さまざまなタイプのお客さま

生保営業は、生身の人間とお付き合いする仕事です。ときには、その方の人生に深く立ち入らせていただくこともあります。だからこそ、こちらにもそれを受け止める覚悟がなければなりません。

私は、この仕事を始めたとき、「後ろ向きの人はなるべく遠ざけて生きていこう」と決めました。人の悪口や愚痴ばかりこぼしている同僚とは行動を共にしない。そんな場所にいて、無駄にマイナスのパワーを浴びたくないからです。

しかし、目の前のお客さまが心の内面を見せ、悩みごとを相談してこられたときには、ともに同じ方向を向いて歩んでいくのも営業の仕事です。

何度お目にかかっても、心を閉ざし続ける方もいらっしゃいます。営業の立場ですから、口に出すわけではありませんが、大きな声で汚い言葉を投げつけてきたり、あまりにも不機嫌な態度をとったりする方を見ると、「もう少し人と上手にコミュニケーションをとればいいのに」「そうすれば、肩の荷が下りて笑顔が出てくるかもしれない」などと思ってしまいます。

そういう方は、なにかに対して不満や怒りを抱いていて、それをコントロールできていない場合が多いですよね。仕事や家庭環境、あるいは国や社会かもしれない。でも、そういう感情は誰にだってあります。

ただ、きちんと社会生活を送っている大人なら、イラッとしてもすぐに平静さを取り戻せる「心の許容量」を持っているのが普通です。私のまわりにも、若干ですがキレやすい人がいます。その様子を見ると、いつも「早く大人になりなさい」と声をかけるのです。

お客さまのなかにも、物事を悲観的にばかり捉える方、自分にまったく自信を持てない方など、心に問題を抱えている人たちがいます。

お客さまの本音とどう向き合うか

人はみな「他人に認められたい」という感情（承認欲求）を心に秘めています。認められることで自己を肯定し、満足感を得られる。いつもイラついている人やキレやすい人は、おそらく人付き合いがうまくいかず、自分を好きになることもできないタイプなのでしょう

私は、そういう方とお話をするときは、聞き役に徹して相手の心情に寄り添うように努めます。初対面から打ち解けてくれる人なんていませんから、時間をかけて、私のことを徐々に信頼できる人間だと認めていただけるよう、根気強く耳を傾けます。

悩みや不平に対して、批判的な意見はまったく述べません。すべてを肯定することで、当人の気持ちも落ち着きます。

相手の心が和らいできたら、今度は「あなたは立派な方だから」とか「心配しなくても大丈夫ですよ」とか、その存在を認めて、肩の荷を下ろしてあげます。

もちろん、そこでうかがった個人情報は厳重に封印しなければなりません。お客さまの

プライバシー厳守は営業職にとっての大原則ですし、それは、私たちの立場を守ることにもなりますから。

それでも、お客さまの本音と向き合い、ケアをさせていただけるということは、それだけ自分に信用力がついたということです。営業とは、信頼関係を醸成していく仕事なのだということを、つくづく感じます。

新人だった頃、誰から認められるわけでもなく、自信のカケラもなかった私が、なぜトップセールスになれたのか。それは、自分を信じてあげたからです。成績が伸びずに苦しかったときも、「逆境こそが向上するための糧なのだ」と、毎日、自らを鼓舞してきたからです。

今日の自分があるのは、「マイナスをプラスとして捉えることができた私」がいたから――その強い思いは、これまで数多くのお客さまと交流するうえでとても大きな力になってきましたし、これからも活かしていくつもりです。

一流の営業職は心理学者である

ご契約いただいたお客さまのなかでも、特に女性の方からはよく相談をもちかけられます。働いていらっしゃる方から仕事の悩みを聞かされることもありますが、そのほとんどが家庭内のこと、特に育児に関する相談を多く受けます。

私は3人の子供を育てた経験がありますから、具体的なアドバイスもたくさんしてさしあげられます。ただ、基本的な対処法は前項で述べたとおり、相手を受け入れ、けっして否定しないこと。相手が大人でも子供でも、それは同じです。

「子供の夜泣きがひどくて、ノイローゼ気味なんです。どうしたらいいですか」

もし、そう聞かれたら、私は、

「子供は泣くのが仕事なんだから、それも呼吸のトレーニングだと考えればいいのよ」

と答えます。

母親がカッカしたり、ウンザリしたりすると、その気持ちが子供に伝染して余計に泣き声が大きくなります。逆に、

「はい、わかりましたよ。泣きたいだけ泣きなさい」

などと言うと、かえって泣き止むことが多いのです。

人間は感情面において、何歳であろうと同じ反応を示します。怒っている人、悲しんでいる人は誰かに同調されることで気持ちが収まる。自分が口にした言葉を繰り返してもら

うだけで、その人の心は穏やかになっていきます。

つまり、仕事や人間関係で行きづまっている人も、育児で悩んでいる人も、泣き止まない赤ちゃんと同じです。誰かに寄り添ってもらうだけで心が晴れて、その苦しみから抜け出すための一歩を踏み出せるのだと思います。

「一流の営業職は心理学者である」などと言ったら、「生意気なことを言うな」と叱られそうですが、実際、長く営業をやって何千人もの人間と接していると、ときおり自分がカウンセラーになったような気分になります。

日々の「心がけ」で小さな成功を積み重ねよう

営業職として成功するためのテクニックとは、日々の小さな「心がけ」のなかに存在すると私は考えています。

なにをもって「成功」とするかは、その人の考え方次第だとは思います。私の場合は、入社当初からキャリアを積んでいく過程でその都度、自分の目標を明確に描いてこられたからだと考えています。

まず、「絶対に辞めないぞ」という強い意志を固めたことが第一歩。以来、「気長に、地道に」をモットーとしてきたこと。その気持ちがあったからこそ、断られてもアプローチをし続ける工夫が生まれ、５年目には沖縄でトップセールスの地位を築くことができました。

その後も営業としての誇りを忘れず、仕事に邁進してきましたが、入社して17年目を迎えた頃、私のパラダイムが大きく変化する出来事がありました。

バブル経済が崩壊し、「金融ビッグバン」が始まって保険業界も構造改革の波にさらされるようになり、その変化に対応するべくさまざまな課題が身に迫ってきました。そんな時代の節目にあって、「もう一度、営業職としての自分のあり方を再考してみよう」と思ったのです。

直接のきっかけは、会社が主催した研修会でした。人材教育や営業力強化を支援するコンサルティング会社の社長のお話を聞いて、私がいかに未熟であるかを思い知らされたのです。

まず、理想とする仕事像がけっして現実と結びついていないことがわかりました。「営業職としてこうありたい」と思っていても、それを具現化するだけの「行動」が伴っていない。マーケティング用語でいう「ニーズ（本質的な目的）」と「ウォンツ（解決手段）」のバランスがとれていなかったのです。

ウォンツをうまく書き出せなかったときは、自分の思い＝「ニーズ」が希薄だったことがわかり、正直ショックを受けました。

そこで、それまでおろそかにしていた目標設定や時間の管理を厳密に行い、立てた目標を行動計画に落とし込むことを日課にしました。そのうち、翌日のプランニングを前の晩にやらないと気がすまなくなりました。

実際、それをやるとやらないとでは結果が明らかに違ったのです。その事実に気がついただけでも、私にとっては飛躍的な進歩でした。

「小さな成功の積み重ねが大きな達成につながる」

研修会でその社長がおっしゃった言葉はまさにそのとおりであり、だからこそ、成果を生み出すための日々の「心がけ」が大事であると確信したのです。

仕事上のパワーパートナーを見つけよう

成功する営業マン（レディ）には、よき仲間がいます。

私もまた、この仕事を始めて以来、ずっと「大きな人の輪をつくりたい」と願い、その気持ちを原動力に働いてきました。

経営者にとって、ビジネスは「何をやるか」よりも「誰と組むか」によってその成否が大きく左右されると言います。私たち営業職は人を相手にする仕事ですし、先方との関係をいかに発展させていくかということが勝負ですので、人付き合いにも細心の注意が必要です。

先述したように、愚痴を言い合ったり、陰口を叩き合ったりする関係は真の仲間とは言えません。そういう存在は互いの成長の妨げになるばかりか、いつお互いに足を引っ張り合う関係になるか知れません。

「朱に交われば赤くなる」の言葉どおり、ダメな人たちの集団に入れば自分も堕落してしまう。「類は友を呼ぶ」とも言いますね。そうやって、どんどん仕事に対する意識が低下していくのです。

逆に、自分の人生に目的をしっかり設定し、それに向かって着実に歩んでいる者同士が手を取り合えば、１＋１が10にも20にもなるでしょう。

相手の理想や目標を完全に理解し、達成のために協力を惜しまず、互いの成功を最高の喜びと感じられる関係――それこそが、大きな成果を成し遂げるための最強の存在、パワーパートナーです。

仕事に対する価値観や営業マインドを共有できる人は、そう簡単には見つからないとは思います。もちろん、パワーパートナーは一方的な関係ではありませんから、自分自身が「あの人にかかわればプラスになる」と思ってもらえるような人間にならないといけない。そうしなければ、優秀な人材も近づいてきてはくれません。ただ漫然と「役に立ってくれそうな人」を待っていても、寄って来るのはダメ人間ばかりです。

新人時代、同じ会社に憧れの大先輩がひとりいました。柴田和子さんというカリスマ営業レディです。39歳で生保セールス日本一に輝き、その後、連続30年間その座を守り続けた方で、ギネスブックに二度も掲載されたレジェンドです。

法人向けとはいえ、年間444億円の売り上げは、いまだに破られることのない世界記録です。

私は「柴田さんのようになりたい」という目標を立て、なんとか近づこうと努力してきました。営業の成果は足元にも及びませんでしたが、そのプロセスだけでも真似てみよう……そう思ったのです。

そこで学んだのが、「お客さまと信頼関係を結んでいく」ということでした。これは、言うのは簡単ですが、実行するのは並大抵のことではありません。

柴田さんにそれができたのは、彼女の明るい人柄に加え、人を大切に思う気持ちがあったからです。

また、瞬時にして人の本質を見抜いてしまう鋭い眼力もありました。

しかし、それは「天才」という一言で片づけられるものではなく、経験を積んでいくにつれ養われていった能力だと、後に知りました。そこには、たゆみない努力の積み重ねもあったのです。

信頼関係は、人と人との関係を強固にします。そこから「人の輪」ができる。これこそ、パワーパートナーの連鎖であり、柴田さんは人脈を効果的に活かすことで、次々にその幅を広げていかれたのだと思います。

私は、尊敬する先輩の後ろ姿を見ながら、「いつか私も後輩から目標にされるような営業レディになろう」と思ったのです。

第3章
【マニュアル編】

「売れる営業」の成功習慣

「飛び込み」で心をリセットする

私は今でも、月に数件ではありますが、飛び込み営業を行っています。これは、新しいお客さまの開拓という側面もありますが、それ以上に、「営業レディとしての初心に帰るため」「気持ちを新たにするため」に行っていると言ったほうが正しいかもしれません。

特に、日頃の生保営業で「ストレスがたまったな」と感じたときは、気分転換で飛び込みます。こう言うと、みなさんに驚かれます。「普通、飛び込んでもほとんど断られるし、かえってストレスがたまるんじゃないの？」と心配されたりもします。

でも、そうではないのです。まったく新しいお客さまにお会いすると、自分の原点に戻れるような気がするのです。

入社した頃は、訪問先で断られるたびにため息をつき、暗い気分になったものですが、いっぽう、その膨大な体験が私のなかでエネルギーとなり、苦しみを楽しみに変え、営業職として生きていく術を与えてくれたのです。だから、「その場」に帰ることで心がリセットされ、もうひと踏ん張りしようという意欲が湧いてくるのです。

それに、何度飛び込んでも、そのたびに新たな発見があり、勉強になります。

次の予定までに時間があいたら飛び込む、外を歩きながら気が向けば飛び込む、プライベートで嫌なことがあれば飛び込む、「最近ちょっと運動不足だな」と感じたら、階段を駆け上がって飛び込む……飛び込みは頭をすっきりさせてくれますし、自分を磨き続けるためにも不可欠な手段なのです。

新人の営業レディたちにも、最初の3カ月は朝から夕方まで、1日30軒前後の飛び込み営業をさせています。それを苦痛にしか感じられず、次のステップへ進む前にこの仕事を嫌いになってしまう、あるいは辞めてしまう人もいます。

そうならないように、いろいろなタイプの人と出会うことで「人間観察力」を向上させる……とまではいかなくても、人の多様さに気づいて、これから営業を続けていくうえでのヒントをつかみとれるよう、私はいつもアドバイスしています。

何度も言いますが、飛び込みは「営業の基本」です。「30軒」を卒業した後も、後輩たちには「続けていれば、きっといいことがあるわよ」と教えています。

職場で仕事上の悩み相談を受けたときには、私はよく「最近、飛び込んでないんじゃないの？」「よし、今日は一緒に飛び込もう」と誘います。

「飛び込みは楽しみ」と思えるようになれば、営業職としての未来が半分開いたようなもの。目の前には広大な市場があるのだから、無限の可能性に向かって飛び込み続ければよいのです。

心が折れそうになったら……書店へ行こう

本が私にとって「心の処方箋」であることはすでに述べました。仕事がうまくいかずメゲそうになったとき、私を救ってくれたのは読書です。

なにしろ、気持ちが落ち込んでいるとき、相談できる相手は誰もいませんでした。先輩方はみんなずっと年上で、20代半ばの私とは世代間ギャップが大きいし、気安く声をかけられる雰囲気ではなかったのです。

それに、周囲には志が高いとは言いがたい先輩や同僚も数多くいて、なるべくそのような人たちには染まらないように注意していたので、どうしてもひとりで行動することが多かったのです。

「創業者・矢野恒太のマインドを継承したい」という、強い思いを胸にこの仕事を始めたのだから、「私こそが一番の成長株なのだ」と自らに言い聞かせていました。やる気が感じられない人と一緒に漫然と日々を過ごすことに抵抗があったのです。

しかし、「伝道者になる」という思いと現実の自分には大きなギャップがありました。その間にある心のモヤモヤを晴らすために、読書は最適でした。

「バイオリズムが低下しているときにこそ、読書が役に立つ」と第1章で述べました。気持ちがへこんでいるときのほうが、言葉がどんどん身に染みていくからです。

「言葉」の力は、本当に大きいと感じます。それが、たとえ日々の業務に直接かかわることでなくても、私にとって読書は仕事をするうえで明確な道標になったのです。

最近では、営業スタッフの総合力をアップさせるために、企業はさまざまな手法を駆使して成功者たちの知識を集約し、それを分析、開示したりもしています。言葉では表現できない「暗黙知」の情報を「形式知」として共有するやり方、いわゆるナレッジマネジメントが広く活用されているようです。

でも、30年以上前にはそのようなシステムは発達しておらず、ましてや生保営業は競争の世界でもあり、お互いをけん制するところもありますので、なかなか最適な「営業術」

というものが可視化されない側面もあります。

私は、同じ会社に尊敬する先輩・柴田和子さんがいらっしゃったので、彼女のナレッジを見習うことができましたが、それも一方的にこちらが参考にさせていただいただけのこと。しかも、間接的にであって、直接お目にかかってお話をさせていただく機会はそう多くはありませんでした。

だからこそ、本のなかにある「言葉」が、私の気力、胆力を養い、営業として成功するための「自分だけのプロセス」をつくりあげるために大いに役立ったのです。

私をつくってくれた2冊の本

私が出会ったなかでも、特に人生の指針となり、営業マインドを育んでくれた本を2冊紹介します。

1940年代に初版が発行され、その後何度も版を重ね、いまなお世界的なベストセラーである、デール・カーネギー著『道は開ける』(創元社)は、何度も読み返し、その一言一句を心に刻んできました。

読むたびに、「当たり前のことを当たり前のようにやればいい」と再認識させられるのですが、初めてこの本を読んだときは、悩みを解消するための基本的な技術や、仕事に集中することの意味、オンとオフの区切りをつけることの大切さなど、目からウロコの情報に救われ、勇気をもらったものです。

そして、こちらも超ロングセラーとして有名な、ナポレオン・ヒル著『成功哲学』（きこ書房）も、私のバイブルと言ってよい名著です。

この本と出会って、「なりたい自分」になるためには、どういうマインドを抱いて過ごせばよいのかを学びました。「私は成長株なのだ」と自己暗示をかけて生きるように導いてくれた、私にとっての「心のエンジン」です。

他に、松下幸之助さんや本田宗一郎さんをはじめ、日本経済をけん引されてきた偉大な経営者たちの生き方や言葉からも、多くの発見がありました。

なかでも、ヘリコプターで急上昇するように一気に頂点に立つことよりも、一歩一歩階段を上っていくほうが着実に成果を得られ、幸せを実感できるのだということに気づかされたことが、私にとって最大の支えとなったのです。

「読書」が営業マインドにエネルギーを与えてくれる

もちろん、「本を読めばトップセールスになれる」わけではありません。しかし、そのプロセスにおいて、「自分に足りない部分」や「忘れていた大事なこと」を思い出させてくれるきっかけを、読書は与えてくれます。

最近の若い営業職には、嫌になったらすぐに会社を辞めてしまう人がとても多いと聞きます。それ以前に、「営業だけはイヤだ」と敬遠する学生が増えているという話もよく耳にします。この傾向は、どの業界でも同じではないでしょうか。

この現象は、読書をする習慣がなくなってきていることと無縁ではないと思います。

仕事をしていくということは、毎日が目の前にある課題との闘いです。達成感と挫折感のせめぎ合いとも言えます。

一度や二度の失敗で「もうやめた」となる人、あるいは「なぜ私がこんなことをしなければいけないのか」と、原因を自分ではなく他者や仕事そのものに求めてしまう人は、すべてにおいて受動的に生活をしているのではないでしょうか。

テレビやラジオもそうですが、インターネットやSNSなども、あくまでも向こうから流れてくる情報です。しかも、断片的であやふやな知識しか得ることはできない。これでは、深く思考する習慣など身につきません。

読書は能動的な行為です。自発的に手に取り、ページをめくり、文章を理解していくことで、いままで気づかなかったモノの見方を教えられ、知識が血肉となって身についていきます。

人は走りっぱなしでは気が変になってしまいます。営業は特にメンタルのコントロールが重要な職業です。それを支えるのがマインドであり、マインドを維持するためのエネルギーを充填するために、最も有効な手段が読書だと私は思うのです。

私は走り疲れたとき、必ず書店に行って「補給」することにしています。

手紙・葉書は「自分の分身」

お客さまに直接お目にかかって、お話をさせていただくところから、営業の仕事は始まります。そして、もし断られたとしても、焦らずあきらめず、知り合いから友だちにまで関係を発展させるよう努めなければなりません。

長くご契約いただいている方から、「いい保険を紹介してくれてありがとう。玉城さんを信頼してよかった」と、ご本人やご家族におっしゃっていただけることは、とても光栄ですし、このうえない喜びでもあります。

そんな気持ちを何度も味わいたくて、私はお付き合いさせていただいているすべての方々に、季節のご挨拶や慶事のお祝いなど、ことあるごとに直筆のお便りをお送りしていることは前章でも触れたとおりです。

そもそも、なぜ私が葉書や手紙をたくさんお出しするようになったかといえば、仕事を始めた当初、まだ子供も小さく、自由に外を歩ける時間に限りがあったからです。そうすると、「この方なら」とひらめいても、お会いできない時間が長くなれば、お客さまの記憶も薄れていきます。

私は「このままではいけないな」と感じ、自分の思いを「私の分身」であるお便りに託すことにしたのです。

電話というツールは相手の状況を無視して不躾に呼び出すことにもなるので、「どうしても」「ここぞ」というとき以外は控えるべきですし、何度もおかけすると、それだけで嫌悪感を抱かれてしまうお客さまもいらっしゃいます。

また、最近では電子メールやＳＮＳで交流するのが簡便で一般的なのかもしれませんが、それで心のこもったメッセージをお伝えできるとは、私には思えません。幸か不幸か、私の新人時代にはそのようなツールはなかったので、直筆で丹念に一枚一枚、お客さまのお顔を思い浮かべながら書き込んでいました。

お便りを出しておけば、たとえアポなしで伺ったとしても、「第一生命の玉城です」と名乗っただけで、お客さまも思い出してくださる。そして、「いつもお葉書、ありがとう」と返してくださいます。

また、何度もお送りしているお客さまには、思い切って電話をしてみることもできます。「あの葉書の玉城さんね」とおっしゃっていただけると、気持ちもより前向きになります。

葉書は地味なＰＲのように思えるかもしれませんが、その繰り返しと継続が、私の成功への足固めになったことは間違いありません。逆に、それをしていなかったら、けっしてトップセールスにはなれなかったでしょうし、ここまで長く営業職を続けてこられなかったと思います。

ですから、私はいままでも、初めてお目にかかった方には「お便りを出させていただきたいので、ご住所を教えてくださいね」とお願いしています。これは、私が決めたルールなのです。

「時間」を味方につける

私は現在でも、葉書やお手紙など、年に約3000通のお便りをお客さまにお送りしています。30数年このかた、郵便局には大いに貢献してきました。

とはいえ、前章でも述べましたが、あまり頻繁だとご迷惑になります。私は、最短でも2カ月は間を置くようにしています。それがしつこくならず、それでいて忘れられてしまわないようにする最適な期間だと考えています。

初めてお会いしてから13年後にご契約をいただいたお客さまの話を第1章でしましたが、それも、葉書や手紙を欠かさずお送りしてきた成果でした。

「玉城さんからずっとお便りをいただいていて、そろそろ何かしてあげたいなと思っていたんです。ちょうど、保険に加入しようかと考えていたところだったので」

そうおっしゃっていただいたときには、とても感慨深く、そして「私は正しかったのだ」ということが証明された気がして、自分をほめてあげたくなりました。

「待てば海路の日和あり」という言葉があります。いまはうまくいかなくても、焦らず待っていれば、必ずいい知らせ（または幸運）があるという意味ですね。これは、まさにそのとおりになった一件です。

長い時間がかかっても、あきらめずにご挨拶を欠かさなければ、きっと気にしてくださっているものだと信じていました。

ただ、「営業は農業と同じ」と述べたように、一朝一夕に成果があがるものではありません。実がなるまでの間、水をやりながらじっと耐えることも必要です。

ですから、実を収穫する前に自分が辞めてしまっては元も子もありません。時間をかけてゆっくりと、継続を力に変えていくのです。

「仕事は単なる生活の糧」と考えている人には、このような発想はできないでしょう。

与えられたノルマを決められた時間のなかでこなしていくだけ。そして、嫌になったり先が見えなくなったりしたら、さっさと辞めてしまう……そういう人たちは、他の職種でも同じことを繰り返します。

彼らは、ただの身過ぎ世過ぎでお金をもらい、その日を暮らしているだけではないでしょうか。そのような生活を続けていると、いつまでたっても、どんな会社に行っても、

「プロ」にはなれないと思います。

プロとして仕事ができる、本物の営業になるためには、「時間」をうまく使うことがとても大切です。

時間というと、「朝活」や「すきま時間術」など、1日を効率よく過ごすノウハウがよく喧伝されますが、ここで私が言いたいのは、1年、3年、場合によっては10年単位でお客さまをケアする、という意味です。けっして目先だけを見ていてはいけません。

「雨だれ石を穿つ」と言います。これこそ、営業職にとってもなくてはならない「プロ精神」のひとつだと私は考えています。

時間をかけてこそ、営業の仕事は光り輝く

100人の方に声をかけて、そのうちの2、3人がお話を聞いてくださったとします。

この方々は、おそらく頭の片隅で、「そろそろ保険に入ろうかな」と考えているはずです。

営業にとってはチャンス到来です。

経験の浅い営業は、この後、たたみかけるようにお客さまに連絡して、アポをとりつけ、セールストークを披露します。このように、押しの一手でご契約いただける場合もあるでしょうが、ほとんどのお客さまは「ちょっと考えさせてください」と、いったん引いてしまわれて、そのまま不成立ということが多い。もし、ご加入いただいても、すぐにご解約される方が大勢いらっしゃいます。

出会って間もない方といきなり信頼関係を結ぶことは不可能です。ですから、「話を聞いてもいいよ」と先方がおっしゃったとしても、それは「ただなんとなく、そんな気になった」という程度の、あやふやで微妙な状態であり、心からその営業を信頼しているわけではない。それを忘れてはなりません。

お客さまに信頼していただけるようになるには、時間をかけ、プロセスを踏んで人間関係を築いていく。それが本物の営業です。

私は、お客さまとの出会いからご契約いただくまでの時間、そしてご契約から始まるお客さまとの時間をどのように捉えるか、それによって営業職としての真価が問われると考えています。

「人の心は、はかなくて頼りない。でも、ひとたびすばらしい心の結びつきができれば、これほど頼りになるものはない」

日本を代表する実業家、稲森和夫さんはそうおっしゃいました。私の心に深く響く言葉のひとつです。

心の結びつきとは、1日で成るものではありません。お客さまから信頼していただくまでには、時間をかけて惜しみなく努力を続けなければならないのです。

人の心は移ろいやすいものです。「OK」の返事をいただいたと思っていても、その後、突然「NO」と言われることもあります。そんなとき、「裏切られた」と感じる人がいるかもしれません。しかし、私はそうは思わないのです。

私は、自分がお客さまの心に信頼を植え付けることができなかったのだと反省し、またゼロから努力をスタートさせるだけです。

ときおり初対面の方から、いきなりご契約をいただくケースもありますが、そういうときは、特に注意深くコミュニケーションをとり、1日でも早く信頼を得るべく努力します。

これから長いお付き合いをしていくうえで、お客さまからの信頼も厚くなっていかなければ、私自身の気持ちが落ち着かなくなるからです。

「玉城から加入してよかった」と、10年、20年後にも思っていただけるようにケアをする——ただし、それは押し付けであってはなりません。コツコツと、地道に絆の結び目を固めていくことが求められます。

時間をかけたプロセスがあってこそ、営業という仕事は光り輝くのです。

「あと一歩」の踏ん張りはどこから出てくるか

あと一歩の踏ん張りと、それを可能にする気力を身につけることが、営業にとって欠かせないのも確かです。

ほとんど根性論のように聞こえるかもしれませんが、私の経験上、「そこで折れてしまうの?」という場面で足を止める人は、せっかくのチャンスを逃してしまうケースが非常に多いように思います。

「あと一歩、踏み出す勇気がなかなか湧いてこない」ということもあるでしょう。でも、これはそんなに大それた意識改革を必要とすることではありません。いい意味で軽く、そして前向きに考えたほうがよいと思います。

たとえば誰だって、縁もゆかりもないお宅のドアをノックするには意を決して臨まなければならないでしょう。何十軒も立て続けに断られ、失敗の連続で精神的にヘトヘトになってしまったとき、「もう1軒、飛び込もう」という意識、というより根性が備わっている人はなかなかいません。誰だってへこたれます。

私も最初の頃はよく弱気の虫が顔を出して、「今日はもう、このへんでいいかな」と妥協してしまいそうになることがよくありました。

そこで、あと一歩が出るか出ないか。それが営業職としての成否を決めるポイントでもあると思います。

この仕事を続けていきたいなら、なにかひとつでいいから「これが私の営業マインドだ」と言える「支え」を心に抱くことです。たとえば、本を読み、感銘を受けた偉人の言葉でもいいし、小説の主人公の生き方でもいいでしょう。

私の場合は、「矢野恒太のスピリットを継承していくのだ」という強い信念が、心の中心で私自身を支えてくれました。

「こんな苦労、矢野が会社をつくったときの闘いに比べたらちっぽけなものだ」

そう心のなかで唱えると、飛び込み営業でたとえ断られ続けても、さらに新しい一歩が踏み出せたのです。

それからもうひとつ。言霊の存在を信じている私は、「ああ、もうダメ」とすぐに口にする人は、何をさせても中途半端で終わってしまう、と考えています。

「まだまだ、これから」と声に出せば、物事はたいてい好転します。必ずうまくいく、そう信じることです。

成功と失敗の分かれ目

営業を始めて以来、私は自らにひとつの掟を課してきました。

それは、「言い訳をしない」ということです。

「契約は取れなかったけれど、こんなにがんばったのだから」とか、「今日はついていなかったから」とか、自分に適当な言い訳をして仕事を切り上げることはしないと決めました。それを許すと、そのほころびからすべてが崩れていきそうな気がしたからです。

生保営業を辞めていった人たちは、みなさん同じ言い訳を残していきました。

「やっぱり、保険のセールスは難しかった」

難しいことは最初からわかっていたはずなのに、いざ困難に直面すると、あっさりあきらめてしまうのです。おそらく、つらくなってくると、「難しい」「向いていない」という言葉が頭のなかに充満するのでしょう。

そして、なにかのきっかけで、それが吹き出してしまうわけです。

私は、周囲の反対を押し切って入社したという経緯があったので、オメオメと退散するわけにはいきませんでした。辞めてしまえば、それこそ「だから言わんこっちゃない」と指をさされてしまいます。

そんなセリフは絶対に聞かされたくなかったし、だから「保険営業は難しい」などという言い訳は自分のなかでタブーとしてきたのです。

実際、弱音を吐き始めると、「この人はもうすぐ辞めるな」とわかります。弱音の中身はほとんど言い訳だからです。

逆に、継続してこの仕事に打ち込み、成功する人の口からは、言い訳は聞こえてきません。「私はこの仕事で生きていくのだ」という強い意志が感じられるのです。

偉大な発明家、トーマス・エジソンはこんな言葉を残しています。

「人生における失敗者の多くは、あきらめたときに自分がどれほど成功に近づいていたか、気づかなかった人たちである」

私は、苦しいときこそ成長への扉が開く瞬間だと思うのです。そこに気づけるかどうかは、ほんのわずかな差でしょう。あと一歩の踏ん張り、わずかな勇気……それを生み出す意志の差が、成功と失敗を分けるのだと思います。

水をやり、日を当て、そして成果が実る

「禍福は糾《あざな》える縄の如し」と言われるように、人の一生にはさまざまな出来事が待ち受けています。うれしいことがあれば、悲しいことも起こります。「そんなの、わかってますよ」と言われそうですね。

どなたもご存じのように、生命保険とは、もしもご自分の身に何かあったときに、その支えとしてご提供する商品です。必ずみなさまのお役に立つことを信じて、私はこれまで営業を続けてきました。

ですから、「わかってますよ」とおっしゃる方なら、その大切さもわかっていただけると信じてお話をさせていただいています。

でも実際は、家族や親戚、身近な方が病気になったり、事故に遭ったりして、そのとき

初めて保険の存在に気づくという方がとても多いのです。

そのタイミングは、いつ訪れるかわかりません。

私は、一度お知り合いになった方々のライフサイクルをしっかり把握し、いつ、どのようなきっかけで「生命保険の大切さ」に気づいていただいてもいいように、備えてきました。

「お仕事は順調ですか」「お子さん、いよいよ小学生ですね」など、つなぎのポイントを押さえてお便りをお送りし、ご迷惑にならない頻度でお電話するのです。

そのようにタイミングを計りながらご連絡をとらせていただくと、

「玉城さん、いつも気にしてくれてありがとう。そろそろ保険のことを考えようかな」

と、おっしゃっていただけます。水をやり、日を当てることでお客さまの意識が成熟し、成果がひとつ実った瞬間です。

「まだ、ちょっと余裕はないですね」と返されたら、「わかりました。どうぞこれからもよろしくお願いします」と言って、実るまで地道な「農業」に戻ります。

そのような営業活動を続けているうちに、「この人はいったい何年、私の契約を待つのだろう」と思ってくださるようになります。私はいつまでも待ちます。だって「絶対に辞めない」のですから。

そして、私から保険に加入すれば、「きっと満足のいく結果になるだろう」という印象をアピールすることも忘れません。

「必ず玉城を選んでよかったと思っていただけるはずです」と、私は断言します。

その言葉が偽りにならないように、常に最善を尽くすのが私のモットーであり、営業職としての矜持です。

あなたの努力を見ている人は必ずいる

かつて銀行に勤めていた時代の先輩から、「あと1年がんばったら、契約してあげる」と言われ、発奮したお話を前章で紹介しました。これは、営業という仕事に対するスタンスを固めるうえで、とても貴重な経験として私の心に残っています。

ですから、その教訓がすべての営業職に浸透するよう、私はことあるごとに言い伝えています。

「知り合いの子が保険会社に入ったので、協力してあげようと思っている」

たまに、そんなセリフを耳にすることがあります。

私は即座に「待った」をかけます。それは、愛情でも励ましでも、ましてやお祝いでもなんでもない。「かえって、営業の本質に気づかないまま無駄な時間を過ごさせることになりますよ」と説くのです。

安易な方法で成果をあげても、本人のためにはなりません。営業としての足腰が鍛えられないうちに、壁がどんどん高くなり、気がついたときには越えられなくなってしまいます。

鉄は熱いうちに打て、です。

「まず、飛び込み営業を体験して、勇気を養い、人を見る目を育てること。そして、初対面の人にどうやって話を聞いてもらえばいいのか――そこから始めないと、営業職として一人前にはなれない」

そう言って、けっして手を貸さないようにアドバイスします。

もし、本人が「お願いします」と頼み込んでくるようなら、私が先輩から申しつけられた条件を教えてあげます。

「1年がんばりなさい。そうすれば喜んで契約するよ」

そう告げて、いったん突き放してあげたほうが、本人のためになりますよ、と。

ちゃんとハードルを越えてきた人間は、心が鍛えられ、感性が研ぎ澄まされ、洞察力が備わってきます。

何年かたってまわりを見渡してみれば、わかるはずです。甘やかされて、親戚や友人から契約を取ってきた営業は、きっと淘汰されているはずです。

努力が人を裏切ることはありません。

「見えない人が千人いたら、見ている人も千人いる」

お客さまもまた、努力する姿を見てくれています。「頭を下げて、追い返されて、そんな姿を誰が覚えてくれるのか」――そう考えるよりも、「自分を覚えていてくれる人は必ずいる」と、前向きに捉えてもらいたいのです。

ですから、もし、みなさんも親戚や学校の後輩など、身近な人が「契約してくれませんか」と近寄ってきたら、絶対に突き放してあげてください。それが本当の思いやりです。

人生の転機は突然やってくる

人生には「運命の分かれ道」があります。

「あのとき、もうひとつの道を選んでいたら、いまの私はいなかったかもしれない」

「この人に出会っていなかったら、自分はどうなっていただろう」

人間ひとり、生きていく過程では、いくつもの分岐点があるはずです。進学や就職、そして結婚など、さまざまな節目を振り返ってみて、「あのときに戻れたら」と思うことはありませんか。

私は、逆に「この仕事を選んで本当によかった」と思っています。

もしあのとき、第一生命の説明会に誘われていなかったら、あるいはその誘いを断っていたら……おそらく私はそのまま就活を続け、どこかの企業の事務職に就いていたでしょう。人と話すのが苦手でしたから、間違ってもセールスレディにはなっていなかったはずです。

ところが、右も左もわからない26歳の主婦だった私が、その説明会をきっかけにトップセールスにまでなってしまうなんて、当の本人も想像していませんでした。

自分の人生を決定づける瞬間は、いきなりやってくるものです。私にとっては、あの説明会で、矢野恒太という人物の生き方に接したときがそれでした。

冒頭でも紹介したように、彼は医師の立場で生命保険会社に関わった経験があり、その後、農商務省で保険業法を起草した人です。そして退官後、１９０２年に相互会社として第一生命を創業しました。それまで、すべての保険会社が株式会社だったので、これは画期的な発想です。

相互会社は保険業法に基づいて設立された法人であり、「株主」によって構成され、株主総会を意思決定機関とする株式会社に対し、拠出者による基金を資本として、保険契約者である社員によって構成され、社員総会（総代会）を意思決定機関とする会社です。利益は保険契約者への配当金（社員配当金）として処理されます。

つまり矢野は、保険とは契約者の利益を最優先とすることをルール化した先駆者だったのです。同時に彼は、生命保険こそ国民一人ひとりの生活に安定をもたらす事業であるという信念を貫いた人でした。

そこに「赤い糸」があったのだと思います。でも、その糸を手繰り寄せ、決断したのは私自身でした。
あれほど人見知りだった私がなぜ？

いまとなっては不思議でならないのですが、そのときの私は、まるで「お告げ」があったかのようにひらめいたのでした。

保険業界のことなど頭には微塵もなかった私でしたが、矢野について知った瞬間、「自分は矢野の思いを伝えていかなければいけない」と感じました。「生命保険によって、人々が幸せに暮らす社会をつくりたい」という夢を持ったのです。

「夢なき者に理想なし、理想なき者に計画なし、計画なき者に実行なし、実行なき者に成功なし。故に、夢なき者に成功なし」――吉田松陰

この言葉の意味を、私は実感しています。

改めて思うのは、人生の転機が目の前にあることに気づけるかどうか――それがいかに大切かということです。

私は幸いにしてそれができた。だから、いまの私があるのです。自分に「あなたはえらい」と、素直にほめてあげたいと思います。

点から線になるセールスとは

時間をかけて信頼していただき、お客さまにご加入いただいたときの感慨はひとしおです。でも、本当のお付き合いはそこから始まるのです。よく「結婚はゴールではなくスタートだ」というフレーズを聞きますが、お客さまと私たちの関係も同じです。

「入るまでは一生懸命に挨拶に来たのに、入った後はぜんぜん来ないね」

ご契約いただいたお客さまから、このような苦情をいただいてしまっては、生保営業を担う者として失格です。

会社にとって、営業は「お客さまの満足度」を最優先に考えなければならない部門であり、それは利益よりも尊いものです。いかに優れた商品をご提供したとしても、それだけではすまされません。

どのような業種にとっても、お客さまの信用を失うことほど甚大なダメージはありません。しかし、私は保険業界ほどきめ細やかな心遣いが必要な業種はないと考えています。

最近、自動車メーカーや建設業において「データ改ざん」といった由々しき事態が発生しているという報道をときおり目にしますが、それは商品自体の偽造やごまかしという点で、カタチあるものを売っている企業特有の信用問題です。

いっぽう、カタチのない「安心」という商品を売る保険業界の場合は、もっと繊細です。人様のお金を預かる金融業も、言わばカタチのない商品を売ってはいますが、保険業はさらに、お客さまの「人生」をお預かりするという点で、独特の信頼関係を築いていかねばならない仕事です。

だからこそ、アフターサービスやフォローの良し悪しは、その会社の姿勢を判断する重要な材料なのです。

ネットで加入できる保険商品や外資系に見られるドライな営業体制など、コストを下げてお客さまの数を増やそうとする会社が増えています。彼らは「いまの時代」にマッチした合理的な手法だと考えているのでしょう。

でも、私の目には、お手頃価格の保険商品を空からバラまいているようにしか見えません。

お客さま一人ひとりと面談し、よくお話を聴いたうえで、その方に最も適した商品をご用意していくこと。それが真の保険セールスだと私は思っています。

ご満足いただければ、次の広がりも期待できます。

「今度、孫ができたの。父親になった息子の分もつくって」

こういう声をかけていただくことも、よくあります。アフターフォローをしっかり行っていれば、セールスが点から線になっていくのです。

第4章
【ライフワーク編】

理想の営業スタイルを求めて

生保営業は生涯をかけて打ち込める仕事

営業という仕事は、私にとってのライフワークです。それは、矢野恒太の人生に触れた26歳のとき、すでに感じていたのではないかと思います。

ただ、「身内や知り合いには頼らない」と心に決め、意気込んで始めた飛び込み営業でしたが、最初は失敗の連続で心が挫けそうになりました。

「もしかしたら、私は向いていないのかもしれない」と、弱気が顔を出しそうになったときには、周囲の反対を押し切ってこの世界に飛び込んだ経緯を思い出し、「このまま逃げ出したら一生悔いが残る」との思いで踏ん張ったものです。

そして、私は「3年間はなんとしても続ける」という誓いを立てました。それは、「その間に必ず一人前になる」という自分への約束でもあったのです。

具体的に期限を設定することで、目標が明らかになり、毎日の取り組み方も変わっていきます。その心構えと緊張感があったからこそ、3年後、沖縄で相当の実績を上げることができたのです。

「石の上にも3年」という教えがあります。冷たい石でも、その上に3年も座っていれば温まる。転じて、辛抱すれば必ず報われるという意味だったかと思いますが、ただ辛抱するだけで、成果がもたらされるわけではありません。

これまでお話ししてきたように、創意工夫とそれを実行に移すまでの決断力がなければ、いつまでたっても石を温めることはできません。

3年でこの世界の「成功者」になれた私でしたが、5年、10年と続けていくうちに、入社当初はおぼろげだった「ライフワーク」というフレーズが私の頭と心にしっかり根付いていきました。

保険営業こそ「生涯をかけて打ち込むにふさわしい仕事」だと確信したのです。

ただし、その後の20数年間、漫然と同じことを繰り返してきたわけではありません。営業職というのは、時代の変化に順応していかなければならない仕事です。

一流を目指すのであれば、立ち止まってはいられない。専門家への道を突きつめる覚悟とともに、新しい自分を開拓していかなければならない、本当に奥の深い仕事だと実感しています。

何度も言いますが、「継続」こそが、そこで目標を達成するために最も大切な要素なのです。

すべての基本は「聴く」ことから

「共感力」という言葉を私は仕事をしていくうえで大切にしています。

第1章では、ドラッカーの言葉を引いて「聴く力」の大切さについて述べました。営業人生が40年に近づいているいま、本当のコミュニケーション能力とは、まさに共感する力であり、相手の話を心で聴く力なのだと、つくづく感じます。

人は誰でも、安心してどんな話でも聴いてくれる相手を求めているものです。いかに活発で、対人関係が順調にいっている人でも、心の底から本音を打ち明けられる存在はそう多くはない。いや、ほとんどいないのではないでしょうか。

ましてや、昔の私のように自分を押し出すことが苦手なタイプは、目の前に大きな壁をつくってしまって、悩みがなかなか解決せずに時間だけが過ぎてしまう。家族がいても、それは同じことだと思います。

これまで老若男女、あらゆるタイプの「人間」と接してきて思うのは、ほとんどの方が大なり小なり問題を抱えていて、それが突破できずに立ち止まっているということです。私は保険営業を通じて、数多くのお客さまが抱える悩みに接し、真剣に向き合ってきました。そこで鍛えられたのが「共感力」なのです。

年配の方の場合は家族の将来や老後のこと、現役世代の方なら配偶者やお子さんについて、また主婦の方であれば親戚との関係や近所付き合い、そして若い世代には仕事上の人間関係など、ほかにも金銭トラブルや地域に起こった社会問題など、生きていくうえで出会う障害はさまざまにあります。

それらを直接的に解決することはできないにしても、お話に真摯に耳を傾け、心を開いて受け止め、共感してさしあげることが、営業としてあるべき姿だと私は思います。保険営業にとって、お客さまは大切な仕事上のお相手ですが、そこから一歩踏み込んで、人としてのお付き合いを始めることができれば、仕事を越えた心の交流を深めることができる。それは間違いありません。

「若い営業には無理な注文だ」とおっしゃる方も多いと思います。たしかに、人生経験が少なく、仕事上のキャリアも短い営業に本音で話をしてくださるお客さまは少ないかもしれません。もし、仮に悩みを打ち明けられたとしても、どうお答えしたらよいのかもわからないでしょう。

しかし、少しでも心を許してくださるお客さまがいたなら、全力でお応えしなければなりません。

たとえば、「近所にゴミ出しのルールを守らない住人がいる」といった種類の苦情（というより愚痴でしょうか）を持ち出してくる方がよくいらっしゃいます。正直言って、保険営業にとっては埒外の話です。でも、そこで「私には関係ありません」といった態度をとってしまえば、「この営業は冷たい人だ」となってしまいます。

ほんの些細なことでも、その方の身になって一緒に考える。つまり、共感してさしあげるだけで、その営業の株はグンとアップするのです。

私の経験上、若い営業は意外とこのような「相談」をもちかけられることが多いです。そのとき、どのような反応を示すのか――それは営業成績にも直結する、かなり重要なポイントです。

そして、数多くの方と交流し、その体験を糧にして次の営業に役立てる。その繰り返しが、やがて実となって自分に返ってくるのです。

「選択理論心理学」との出会い

入社して16年余り、私はすでに沖縄ではトップセールスとしてかなり有名な存在になっていました。

保険商品の売り方、つまり、お客さまとのコミュニケーションや商品知識、アフターフォローなど、営業職としてのスキルは十分に身についていましたので、もはや誰かに何かを教えていただくというレベルではなかったと思います。

人間は、ひとつ目標を達成すると、それなりの満足感に浸るものです。当時の私も、「よくここまできたわね」と、自分をほめてあげながら、「これ以上に望むことはない」という思いが心の片隅にあったのはたしかです。

仕事を始めた頃は、少しでもお客さまのレベルに自分が合わせられるように、がむしゃらに勉強して、必死に階段を一歩ずつ上っていたのですが、ある程度の高さまで上りきると、言葉は悪いですが「惰性」で仕事をしている自分に気がついたのです。

心のなかに、新人時代のようなギラギラした向上心がなくなった私は、仕事そのものへの情熱も失いかけていたような気がします。俗に言う「燃え尽き症候群」になりかけていたのでしょう。

そのような状態でも、営業成績はトップレベルを維持していました。やるべきことはやり、お客さまとはしっかりと絆を保っていたからです。自分自身では心の停滞を感じながらも、表面的にはなんら変わることなく、周囲からは仕事に邁進しているように見えていたのではないでしょうか。

そんな私の心に再びスイッチが入ったのは、東京で開催された、ある方の研修会がきっかけでした。第2章では、「ウォンツ」と「ニーズ」のバランスについて、その方が営業職としての私に画期的な教えを授けてくださったお話をしました。

そのときは会社主催のイベントでしたが、今度は全国のトップセールスたちが集まる研修会で、選択理論心理学を取り入れた営業術を教えていただき、好奇心がかき立てられたのです。

選択理論心理学とは、端的に言うなら次のような考え方を基軸にしています。

「人は外的な刺激に反応して行動するのではなく、すべて自らの選択によって行動している」

つまり、人に行動を起こさせたいと思うならば、強い言葉で責めたり、批判したり、あるいはほめたりするよりも、尊敬や信頼を心から表明し、相手が内発的に動機づけられるのを促すほうがよい、というものです。

私はこのお話を聞きながら、自分の頭で考え、実践してきた営業ノウハウが、学問によって立証されたような気持ちになり、「わが意を得たり」と思いました。

「3年以内にMDRTの一員になる」

「継続」こそが、ひとつのことを成し遂げるために最も重要な心得であることは、もはや何度も申し上げました。ただし、そこでいちばん気をつけなければならない「障害」――それが「マンネリ」という名の迷路です。

前項で「燃え尽き症候群」の話をしましたが、マンネリもまた、仕事を続けていくうえで陥りやすいマイナス要因です。沖縄でトップセールスとなり、保険営業職としての頂点に立つことができた私は、この両方の「症状」に陥っていました。

「私はいったい、何のためにこの仕事を続けているのだろう」

そんな疑問が湧いては消える日々でした。

ですから、「このままではいけない」と思いながら、なかなか突破口を見出せないでいるときに、自分を目覚めさせてくれる存在（選択理論心理学）に出会えたことは、とても幸運だったと言えます。

そして、私は新たな目標を2つ、自発的に設定することにしたのです。

ひとつは、「MDRTの一員になること」でした。

MDRT（Million Dollar Round Table）とは、1927年に米国で発足したファイナンシャル・サービス業界で働く「営業職」のための国際的に独立した組織です。世界72の国と地域、500社以上を対象に、卓越した能力を持つ生命保険、金融の専門家だけが加入できるプロフェッショナルの集まりであり、厳しい入会基準が設けられています。

日本の場合、毎年高水準の売り上げがあり、そのうえで独自に設定された倫理綱領を遵守していることが条件となります。さらに、有効期限は1年間。つまり、毎年その資格は更新されていきます。そして、通算10回以上会員となった者だけが、終身会員になれるのです。

MDRTは、全世界の生命保険営業職のトップ6％だけで構成される組織であり、一度でもその会員になればとても栄誉なこと。しかも、終身会員になれれば、それは保険営業にとって最大の勲章なのです。

実を言うと、私は例の研修会に出席するまで、何の予備知識もありませんでした。ＭＤＲＴの存在は知ってはいましたが、「私には縁のない話」として心の内にしまい込んでいたのです。

ところが、トップレベルの営業職と数多く出会い、話をしていくうちに、彼らにとってＭＤＲＴがいかに高い目標であるかを知ったのです。

そこには東京や大阪など、大都市圏で働く一線級の若い営業が大勢いましたし、外資系の男性も多かったので、そのような「意識高い系」の会話があちらこちらから耳に届いてきました。

「それほど保険営業にとってステータスの象徴になるなら、私も挑戦してみようかな」

私は徐々に意欲をかき立てられ、ついには自分にこう言い聞かせていました。

「よし。３年以内にＭＤＲＴのメンバーになろう」

私はいかにトップセールスとはいえ、沖縄という小さな市場で働いている身です。しかも、年齢は40代の半ばにさしかかっていました。それらすべてが大きなハンデになることはわかりましたが、だからこそ、ＭＤＲＴは私にとって「挑みがいのある目標」となったのです。

大きな目標を掲げることの大切さ

ＭＤＲＴを目指したのと同じ時期、私はもうひとつ、大きな目標を設定しました。それは、ＣＦＰの資格を取得することでした。

ＣＦＰ（Certified Financial Planner）とは、ファイナンシャル・プランナーのなかでも最上級の国際的な資格であり、認定者になるためには難しい試験に合格しなければなりません。合格率は10％にも満たないことが多いのです。

金融の世界にいらっしゃる方なら、その価値は十分にご存じだと思います。また、企業の経営企画に携わっていたり、独立してコンサルティング業を始めようとしていたりするビジネスパーソンにとって、ＣＦＰの資格は大きな武器になるはずです。

では、私にとってはどうかというと、これまでどおり、飛び込み営業を行いながら、沖縄で新しいお客さまを開拓していくうえでは、このような大それた「肩書」は必要ありません。もっと言えば、保険の営業職を続けていくだけなら、苦労して手に入れても宝の持ち腐れになってしまいます。

では、なぜ私はこの資格にこだわったのか。

それは、「さらなる高みに上りつめて、自己実現を達成したい」という欲求と、「保険のセールスレディがＣＦＰになるなんて無理だろう」という「常識」を打破したいという願望が湧き上がってきたからです。

保険会社で働く人たちのなかでも、ＣＦＰを目指すのは幹部候補生か、もしくは独立を考えているタイプに限られます。まさか営業職の、しかも沖縄で働いている女性がＣＦＰに挑戦するなどと、誰も想像していなかったと思います。

なにも功名心が頭をもたげたわけではありません。目標を見失ってその場に立ちすくむ自分を鼓舞する「何か」がほしかったのです。

そこで、私は自分自身に課題を設定しました。

「ＭＤＲＴと同じように、ＣＦＰ資格も3年で取得しよう」

これを実現させるためには、仕事と勉強をハイレベルで両立させ、そのうえ子育てや家事もこなしていかなければなりません。傍から見れば無謀だったのかもしれませんが、そのおかげで、心身に緊張感と充実感がみなぎってきたことをよく覚えています。

「環境を変えることで、もっと成長したい」――よく、スポーツ選手がチームを移籍するときに聞くセリフですね。その気持ち、私にはよくわかります。

私の場合は職場を変えるわけではないので、まったく同じではありませんが、慣れ親しんだ環境でずっと働いていると、刺激が乏しくなるものです。自分をいまいる場所からジャンプアップさせるためには、まったく新しい、そしてできるだけ高い目標を掲げることが大切なのだと、私はこの体験を通じて知ることになります。

時間を有効活用するために

3カ月に一度、私は上京して3日間の研修会に参加しました。これは、志の高い若い同業者と交流し、モチベーションを高めると同時に、MDRTやCFPを目指すうえでの情報収集においても大きな意味がありました。

もちろん、旅費や滞在費は自費ですし、その間、家族には負担を強いることにもなりました。

入社してから生まれた三男は、当時まだ小学校の低学年でしたし、母親として責任を十分に果たせないことはわかっていたのですが、ホットボタンのスイッチが入ってしまった私は、目標に向かう気持ちを抑えることができません。

「この時間は、きっと家族のためにもなる。お母さんが向上心を持って生きる姿を示すことは、子供たちにとって有意義なことだから」と説明し、家族には納得してもらいました。いまでも、このときの協力には心から感謝しています。

私は、家庭、仕事、勉強のすべてを懸命にこなしていきました。

MDRTのメンバーになるために、これまで以上に新規顧客開拓、お客さまへのケアに力を注ぎ、CFP資格試験の勉強はこまめに、時間を有効活用しながら進めました。

お客さまとの待ち合わせの時間前に、10分でもあれば問題集を開いて1問でも多く解くように心がけ、自宅に戻って家事全般をすませた後は、机に向かって1〜2時間、集中的に勉強したものです。

すべてにおいて効率的に行動できるように、計画を立てて生活すれば、三足のワラジも苦ではありません。

こんなとき、最も大切なのは「行動の優先順位」をしっかり決めることです。無目的に過ごしていると、あっという間に時間だけが流れていくからです。

私はまず、ちゃんとメモを取り、はっきりと自分自身に行動計画を示すことから始めました。頭のなかだけで計画を立てても、目の前の雑事や突然の事態に振り回されるだけです。

24時間という限られた時間のなかで、100%やりきることはできません。ですから「やりたいこと」と「やらなければならないこと」をしっかり仕分けし、優先順位をつけて厳格に予定を立てることが必要になってきます。

逆に、家庭、仕事、勉強のすべてをこなしていくには、この方法しかなかったのかもしれません。

1日の行動予定は前日に決める

第2章でも紹介したように、私は営業職として、1日の行動予定表を前日に作成していました。そうすることで、目標↓計画↓行動↓成果の因果関係がはっきりと認識できますし、次の目標も設定しやすくなるからです。

MDRTとCFPを目指すようになって、このノウハウは仕事の枠を越えて、生活全般にも適用できるとわかりました。

いっぽう、優先順位をつけることは重要なのですが、人間は放っておくと楽なほうへと流されてしまうものです。自己管理はできていると思っていても、面倒なことやつらそうなことは、どうしても避けて生きていこうとします。

問題は、それを誰も指摘してくれないことです。サボっても省いても、監視して注意するのは自分だけです。

私の場合、勉強がつらくて逃げてしまいそうになることが何度もありました。

そんなとき、どうしたか。

「私はなぜ勉強しているのか」「どこに目標を置いているのか」という原点に立ち返るようにしたのです。

だからこそ、たとえ時間のやりくりがつかなくなったときでも、勉強は絶対に優先順位の上位に置くよう、自分を律し、戒めながら生きていきました。

自分で決めた目標には大きなパワーがある

目標にもさまざまな段階があります。それによって行動計画も異なってきます。10年、5年、3年とスパンを区切って目標を設定し、1年、1カ月、そして1日の行動計画に落とし込んでいくことが合理的だと、私は考えました。

10年後にどんな自分になっていたいのか――その長期目標を設定することが先決でした。私は、営業職を「生涯の仕事」と決めていたので、これまでセールスウーマンが到達したことのない領域にまで踏み入るような、成長した自分になっていることを目標に掲げました。そのことによって、保険セールスという職業のステータスを高めたいと思ったのです。

そのためには、MDRTの終身会員になること、そしてファイナンシャル・プランナーとしての最高レベルの知識を活かして、どんなに地位が高い経営者や金融のプロたちとも互角に渡り合い、営業活動を行えるような見識を持ったセールスウーマンになること――それが私の長期目標でした。

ですから、一度でもMDRTの一員になることや、CFPの資格を取得することは、中期目標でした。具体的な到達点を設定すれば、自ずと日々の過ごし方は決まっていきます。

保険営業のノウハウは、本書でもこれまで再三ご紹介してきたように、私のなかで確立していましたので、それをブラッシュアップしながらモチベーションを維持することに注力しました。そうすると、「マンネリ感」に悩んでいた頃とは見違えるように、張りのある時間を過ごせるようになったのです。

当然、結果もついてきました。まるで生まれ変わったかのように、「保険がいかに大切か」というメッセージが、より的確にお客さまに伝わったからだと思います。

つくづく実感したのは、与えられた目標ではなく、自分自身で決めた目標には大きなパワーがあるのだということ。自分に対するコミットメントがあるからこそ、意味のあるプロセスを辿ることができるのだと思います。

問題は、勉強のほうです。その道のりはとても険しいものでした。

ＣＦＰ資格を取得する前に、まず私は比較的易しいと言われているＡＦＰ資格を目指すことにしました。ＡＦＰ（Affiliated Financial Planner）とは、ＣＦＰと同じく日本ＦＰ協会が認定するもので、ファイナンシャル・プランナーとしての基礎知識を持ち、相談者に対して適切なアドバイスができる技能を証明する資格です。幸い、こちらは勉強を始めて約１年、最初の試験で合格することができました。

しかし、本当の「真剣勝負」はここから始まったのです。

「目標→計画→行動→成果」のサイクルを守る

ＡＦＰに合格したのが2月。「ものは試しに」と思い、わずか4カ月後の6月、ＣＦＰの試験に挑戦しました。

しかし、その壁はとても厚く、あっけなく弾き返されてしまいます。勢いだけで合格できるほど、甘くはありませんでした。

落ちて当然とは考えていましたが、「なんとかなるだろう」という手応えも感じていました。「3年以内」という目標も見えたような気がしたのです。

ところが、そうは問屋が卸してくれません。6科目ある試験のうち、4科目はどうにか3年で通過したのですが、あとの2科目が難しく、最後の科目に合格するまでさらに4年の歳月を要したのです。

当時（2000年代の初め）、最寄りの試験会場は福岡でしたので、そのたびに沖縄から出向かなければなりませんでした。

さすがに、二度、三度と落とされるたびにへこたれそうになりましたが、それでも「自分で掲げた目標」なのだからと、歯を食いしばって猛勉強を重ねました。

家でもよほど気迫がこもっていたせいでしょうか、三男が学校で描いた「母親」という題の絵を見たら、机に向かっている私の姿でした。

それでも、仕事や勉強に必死に取り組む自分を見せることは、子供の教育にも役立ったのではないかと思っています。実際、子供たちから不満の声を聞くことも、以前より少なくなりました。

また、状況を変えることで、これまでと同じルーティンをこなすときの気持ちにも変化が現れました。子供を抱えて15年以上も仕事を続けてきたなかで、「育児をしながら」というのは大変だなと思うことも多々ありましたが、目標を設定してからというもの、子育てもまた楽しくなってきたのです。

入社当時、小さかった長男、次男はすでに高校生、中学生になっていましたが、私がねじり鉢巻きで勉強していた時期、長男の一回り下である三男はまだ手がかかる年頃でした。

ですから、

「小さい子供もいるのに、よくそんな生活ができているわね」

などと言われて不思議がられたものですが、勉強を始めて以来、一度も大変だと感じたことはありません。かえって、オンとオフの切り替えがスムーズになり、家族との時間も充実していたからでしょう。

すべては、目標から成果へとめぐるサイクルをしっかり守り、計画的に行動していたおかげだと思っています。時間割がしっかり整っていたので、それぞれが濃密な内容になったのです。

自分を信じる力

2つの大きな目標に向けて行動していた頃、私は職場の同僚からは好奇の目で見られていたようです。仕事の合間にも、参考書や問題集と首っ引きで勉強していたからでしょう。

沖縄からMDRTのメンバー入りを目指すのは前例のないことであり、ましてやCFPについては、それがどんな資格なのかさえ誰も知りません。

「玉城さん、何を勉強しているの？」「そんなことしていて、仕事は大丈夫？」

そう言って心配してくれる人はいましたが、私が目指していることに共感してもらえるわけではありません。

つまり、周囲には切磋琢磨する仲間も理解者もいない状態で、私は数年間、「孤独」と闘いながら勉強を続けていたわけです。

闘う相手がいるとすれば、それは自分自身でした。「がんばろうとする自分」と「サボろうとする、足を引っ張る自分」とのせめぎ合いのなかで、いつも自らを奮い立たせていたのです。

ＣＦＰ資格試験は本当に難しく、不合格になるたびに挫けそうになりました。「なぜ、こんなに難しい挑戦を始めてしまったのだろう」と、後悔したこともあります。

そこで最後まであきらめずに踏ん張ることができたのは、ほかでもない、営業職としての経験があったからです。

飛び込み営業を始めた当初、訪問先で繰り返し断られ続け、へこたれそうになりながらも、「あと1軒回れば、お話を聞いてくれるかもしれない」と勇気を振り絞ってきた新人時代。あの頃に鍛えられた精神面のタフネスとモチベーション維持の工夫が、ここでも大いに役に立ったのです。

「自分を信じる力」がいかに大切か、というお話を私は本書で幾度となくさせていただきました。

「周囲に認められたい」という気持ちは誰しもが抱いています。でも、それ以前に、まず自分を承認し、信じてあげさえすれば、どのような難事も突破できる――このときの私はそう自らの心に唱えていました。

その根っこには、「自分は原石なのだ」という考えが常にあります。そして、「私は磨けば絶対にダイヤモンドになれるのだ」と信じるのです。

それは、新人セールス時代はもちろん、ＭＤＲＴやＣＦＰを目指していた時代も、そして現在でも変わりません。

どんな分野であろうと、その世界でトップになったときに、それをゴールと考えてしまえば、人間としての成長は止まってしまいます。

そうならないようにするには、「この先、どうなりたいのか」「何を目指して生きるのか」といった命題を、常に自分に課していなければなりません。

MDRT入り10回を達成、ついに終身会員に

保険営業職にとって最高の栄誉であるMDRTへ私が初めて入会できたのは、2001年のことでした。沖縄県の営業職としては初めての選出ということで、とても誇らしい気持ちになりました。

世界中の保険セールスのなかでトップ6%の一員になれたのですから、当時の私の心境は十分にお察しいただけると思います。

これで、私は大きな中期目標のうち、ひとつを達成できたわけです。

要した期間は3年。これも計画どおりでした。あとは、「当選」を10回繰り返し、終身会員になることを目指すわけです。

前にも述べたように、MDRTメンバーは1年ごとに入れ替わります。その一員であり続けるためには、これから先も緊張感を持って仕事に臨まなければなりません。

ひとときも現状に甘んじることなく、私はその後も新規契約の成立に向けて、ひたむきに働きました。

その甲斐あって、私は初入会から11年でMDRT入り10回を達成し、終身会員になることができました。

そのときから、私はできるだけ長くMDRTのメンバーでい続けたいという目標を掲げ、幸いにしてほぼ毎年、その栄誉を受け続けています。2019年には、通算17回目のメンバー入りを果たしました。

勉強開始7年目でCFP資格も取得

さて、最後の1科目で苦戦を強いられていたCFP資格のほうは、3年で合格という目標は惜しくも達成できませんでしたが、勉強を始めて7年目にしてようやく手にすることができました。

これは、第一生命で働く約3万人の営業職のなかで初めてのことです。

ファイナンシャル・プランナーとして最高レベルの知識を蓄えられたことは、営業職として、その肩書の重み以上に価値があります。

たしかに、名刺に「CFP」の文字があるだけで、財界や金融関係のエキスパートの方々は驚かれ、私は一目置かれるようになりました。

企業の社長や役員クラスの方々に対する営業が格段に行いやすくなったのも事実です。ときには、資産の運用に関する相談をもちかけられることもあります。そのようなときは、生命保険の意義や有用性について、お相手の地位や知識に合わせてお話をするようにしています。

でも、「飛び込み営業」を行う際には、この肩書がモノを言うことはありません。お話をさせていただくときも、知識をひけらかすようなことがあってはならないし、あくまでも平易な言葉でいままでどおり商品の説明をします。

ここからが大事なのですが、勉強によって蓄積された知識や情報を、いかに平易な言葉にしてお伝えするか。そのための工夫にこそ、営業職の醍醐味があると考えるようになったのです。

資格を得たことで、いや、その過程で身につけた専門的な知識によって、営業職としての視野は何倍にも広がり、見える景色は劇的に変化しました。

真剣に勉強して、知識レベルが上がると、いままで見えなかった世界が目に入ってくるようになります。大げさではなく、日々、自分が進化していく感覚があり、昨日とは違う自分に出会えるのです。

それでも、営業職としての基本姿勢は、新人時代となんら変わりません。薬局の店主の方に複雑な質問を次々に投げかけられ、あたふたしながらも、営業魂に火がついた入社8カ月の頃と同じように、誠意と情熱を持ってお客さまに接しています。

いっぽうで、大卒のエリートだけが目指しているような資格を、高卒で叩き上げの女性営業職が取得したことは、同じような立場の後輩たちに勇気を持ってもらうのに役立ったのではないか、とも思うのです。

「やる気さえあれば、たとえどのような経歴であろうとあきらめる必要なんてない」

ひとりでも多くの若い営業職が私を「目標」としてくれれば、こんなにうれしいことはありません。同時にそれは、私にとってモチベーションをアップさせる大きな原動力にもなっています。

目標を掲げ続けることが人生に実りをもたらす

生来、「ウサギ」ではなく「カメ」の私ですから、傍から見ればノンビリやっているかのように見えたかもしれません。しかし、カメにはカメの強みがあるということは、本書ですでにお話ししたとおりです。

また、中国の故事成語である「駑馬十駕《どばじゅうが》」という言葉を、私は胸に抱いて日々を送っていました。

「走りの遅い馬（駑馬）でも、10日走れば、駿馬が1日に移動する道のりと同じ距離を移動できる」――つまり、「才能の乏しい者も、努力を怠らなければ才能のある者と肩を並べることができる」という意味です。

また、その裏にはこんな真意が込められています。

「現実的な目標を立て、実現に向けて努力を続け、達成できたらさらに高い目標を設定することに意義がある。目標を定めず、やみくもに走り出す駿馬は、結局どこにも行きつくことができない」

ダメ馬だった私にとって、これほど励みになる教訓はありませんでした。

ここにも、豊かな実りをもたらす「継続の力」があることを実感します。

会えないときでも、お客さまに安心感を抱いていただくために、良好な関係を維持するように努力を続ける――これは営業としてマストの心がけであり、やがてそれが大きな成果をもたらしてくれます。

それと同じように、確かな目標を定め、コツコツと努力を重ねれば、充実した未来を手に入れることができる――それは刹那的な成功とは違って、人生を豊かにしてくれる財産になるのです。

保険営業の世界に飛び込む決断をした「26歳の私」をほめてあげたいと言いましたが、それは、MDRTやCFPに挑戦しようと決めた自分に対しても同じです。

いずれの場合も、チャンスが目の前にあることに気づく「アンテナ」をきちんと磨いていたから、一歩踏み出すことができたのです。

入社して17年目、もし、そのアンテナが錆びついていたら、おそらくマンネリに陥ったまま、現状に甘んじて漫然と仕事を続けていたことでしょう。

あきらめなければ、夢はかなう

「自分オリジナルの発想」で目標を設定したことで、自身へのコミットメントが生まれ、達成までのプロセスが血肉となって身につく――それは私が新人時代から自覚してきたことです。

上司に指示された仕事だけをこなしたり、他人に忠告されて勉強を始めたりしたわけではありません。

私が今日まで営業職として実りある人生を送ってこられたのは、その信念があったからです。そして、後に選択理論心理学に出会い、立てた目標へ向かっていく心がいっそう強化されたのでした。

入社17年にして、大きな2つの目標に出会った私は、保険セールスの世界で誰も到達したことのない領域に足を踏み入れようとしたのですが、そのとき、実はもうひとつ、私のモチベーションをかき立てる要素があったのです。

それは、沖縄の営業レベルを引き上げることです。

ご存じのとおり、沖縄県の賃金水準は全国平均から見てかなり下位にあります。２０１８年の「賃金構造基本統計調査」（厚生労働省）によれば、47都道府県中、43位の２４６万８０００円。これは、１位の東京都（３８０万４０００円）の65％にも満たない数字です。

また、人口は１４５万２２９人（18年12月1日現在）で25位ですが、立地的に本土から遠く離れており、経済基盤はかなり脆弱と言わざるをえません。

実感として、東京と沖縄では、企業の給与も10万円以上の差があったように思います。

その前提に立って、東京の営業職と同じ条件で闘うのですから、ＭＤＲＴのメンバー入りへのハードルは、とても高いのです。

ですから、東京での研修会では、東京で働く若いセールスたちが口々に「ＭＤＲＴを目指したい」と言っているのを聞いても、最初は高嶺の花とあきらめかけていました。

「沖縄で一番といっても、全国のなかでは取るに足らない存在」「東京の人とは勝負にならない」と決めつけていたのです。

でも、何度か研修会に参加しているうちに、私の気持ちは変わっていきました。

「ＭＤＲＴはどこで働いていても同等に門戸が開かれている。ならば、沖縄から挑戦したっていいいじゃない」

ちょうど目標を失いかけていた私にとって、それは絶好の対象になると気づいたのです。

おそらく、東京などの都市圏にいる営業職がそれを聞いたら、驚かれたと思います。

「沖縄レベルでＭＤＲＴなんて、夢みたいな話をしているぞ」

そんな反応があったかもしれません。実際、「沖縄のトップ」は、その程度の力しかないと思われていたのです。

ですから、たった3年でＭＤＲＴのメンバーとなったこと、その後、10年連続で入会し、終身会員になれたことで、私は大きな自信を手に入れたと同時に、沖縄のレベル向上と業界内でのイメージアップにひと役買えたのかなと思っています。

沖縄にも、生保業界の会社が外資系も含めて増えています。営業職として働く者もたくさんいます。私が「沖縄からのＭＤＲＴ入り第1号」となったことで、彼らにとっても大きな励みになったはずです。

数はまだまだ少ないですが、私の後輩ひとりを含め、その後数人がメンバー入りしています。おかげさまで、「沖縄もレベルが高くなりましたね」と声をかけられることもしばしばあります。

地域差というハンデキャップが、かえって仕事に対する向上心を高めることにつながるということを、私は証明することができました。

自分がどこに住み、どんな悪条件下で働いていたとしても、あきらめてはいけない。あきらめた時点で、可能性はゼロになってしまうのですから。

「一念、岩をも通す」と言います。強い意志を抱き、目標に向かって計画的に行動すれば、夢はかなうのです。

10年後、自分はどうなっていたいか

10年後に自分はどうなっていたいか——自らにそう問いかけて、すぐに答えが言える人は少ないのではないでしょうか。

長期目標を立てることを勧めている私にしても、20代の頃はただがむしゃらに目の前の仕事に取り組むので精いっぱいでした。経験を糧に創意工夫をこらし、お客さまの裾野を広げ、絆を深めることで、成績も伸びていきました。

つらいときやスランプの時期に、読書を通じてたくさんの教えを吸収できたことも大きな支えになりました。落ち込んだり、心が病んでいたりするときこそ、いったん立ち止まって、自分に「肥料」を与えることが大切なのだと学びました。

「苦難福門」という言葉に出会ったのもその頃です。

「苦痛や苦難こそが幸福に至る入口なのだ」と自らを奮い立たせ、いっぽうで、「努力もしないで幸せが向こうからやってくることなどない」との思いも強くしました。

30代の10年間で、いっそう実績を重ね、沖縄県内の生保業界では名の知れた存在になった私は、「この仕事を続けてきて本当によかった」という満足感と、「これからも営業一本で生きて行こう」という意欲に満ち溢れていました。

ところが、40代を迎えたときに、ふと自分の営業人生を振り返り、「果たして私はこうなりたくて仕事を続けてきたのだろうか」と、自問するようになったのです。

20代、30代の頃にもっと高い目標を設定していれば、もしかすると違う自分になれていたのではないか――ちょうどその頃、仕事が型にはまってしまい、ややルーティン化していたせいで、そんなことを考えたのかもしれません。

壁に突き当たったときは本を読むのが私にとっての打開策でしたが、このときは、研修会で出会った選択理論心理学が打開の糸口となりました。

そのおかげで、ＭＤＲＴやＣＦＰという挑みがいのあるターゲットに照準を合わせることができたわけです。

ただ、この決断を10年前にしていたら、40代ではまた異なった、さらに大きな「人生の見取り図」を描けていたかもしれません。

だからこそ、いま20代、30代の方たちには、10年後、もっと言えば20、30年後の自分を思い描いて、大きな目標を設定して生きていってほしいと思うのです。

「でも、目標はどうやって見つければいいのか」とよく尋ねられます。

そこにはノウハウなんかありません。目の前にあるチャンスに気づくことができるように、感性のアンテナを磨いて日々を送っていれば、必ず「これだ」という瞬間が訪れるのです。

スティーブ・ジョブズは2005年、スタンフォード大学の卒業式における有名なスピーチのなかで、こんなことを語っていました。

「将来をあらかじめ見据えて、点と点をつなぎ合わせることなどできない。できるのは、後からつなぎ合わせることだけです。だから、われわれはいまやっていることがいずれ人生のどこかでつながって実を結ぶだろうと信じるしかない」

これを聞くと、未来の自分を思い描くことなど不可能であるかのように思えます。でも、私はこの言葉をそう捉えてはいません。

目の前の仕事に集中して、たくさんの経験、情報や知識(点)を蓄えていれば、それらがやがて結びつくことがある。その結合の瞬間に気づけた者だけが「未来の自分」を思い描くことができるのだ、という意味だと思うのです。

そして、目標を設定することはもちろん大切ですが、最も重要なのは、そこに至る「プロセス」です。

目標に向かって行動する過程で、また新たな「点」を手に入れることができる。そして、その集積と結合がさらに大きなビジョンを生み出す。その際、行動原理の軸がぶれていなければ、自分を管理することも簡単にできるはずです。

その連続が「豊かな人生」をつくりあげる――私はそう思うのです。

ちなみに、私はいま60代の半ばにさしかかろうとしていますが、「10年後の自分」を思い描いているかといえば……その話はまた後ですることにしましょう。

成功者の真似をすることから始めよう

私は営業を「天職」だと思ったことはありません。

たしかに、営業職に就いたのはひらめきが理由ですから、「天からのお告げ」があったとは言えるのですが、少なくとも「天性に合った職業」ではありませんでした。この世界に飛び込んだその日から、自他ともに認める「不向き」な仕事に懸命に取り組んできただけです。

「実は才能が隠れていたんじゃないですか」と言われることもありますが、そのように感じたことは一度もありません。

「聴く耳」を持たない営業に成功は訪れない――これは、私が経験を通して知った教訓ですが、だからといって私にそのような「才能」があったとは思いません。それは、生来誰にでも備わっている資質の一部なのではないでしょうか。

私がなぜトップセールスになれたのか。その理由については、これまで本書のなかで示した私の考え方のなかに、ヒントがあるのだと思います。

ただ、いまになって考えてみると、意識の持ちようという点では、「成功者の真似をすること」にあったのではないかと思います。

第2章で柴田和子さんのお話をさせていただきました。彼女の営業術を少しでも参考にできたら、という思いで、お目にかかったときにはお話をうかがい、そのノウハウの一端を吸収させていただいたのです。

仕事でも娯楽でも、よほどの天才でもないかぎり、初心者はまず先輩たちの振る舞いを見て真似るところから始めます。伝統芸能や工芸などのように、師弟関係を通じて「技」が継承されていく世界もありますが、営業職だって同じだと思うのです。

私は柴田さんを勝手に「師」として仰ぐことに決め、その営業手法を真似ることにしたわけですが、ここで問題なのは、柴田さんと私とはまったくの別人格であり、個性も性質も異なるということです。

営業は人とのコミュニケーションが主となる仕事ですから、キャラクターの異なる先輩のやり方をそのまま真似るわけにはいきません。

実際、柴田さんと私のキャラは正反対です。彼女はいつも華やかな装いで、元来社交的な方です。私は地味で控えめなタイプですから、「真似るポイント」を間違えると、何の効果もなくなるでしょう。

「模倣なくして創造なし」と言うように、その対象から自分に適合し、参考とすべき部分をいただいて、あとは自らのスタイルをつくりあげていくことが肝要です。

私は自分のスタイルを確立するまで、なるべく「主張」を持たず、虚心坦懐に先輩のやり方を受け入れてきました。「あの人とは違う」と理解したうえで、模倣から創造へとつなげていったのです。

知識量では誰にも負けない

知識力をつけることが営業職として向上するためにとても重要であることは、すでに述べました。

どの業界でもそうでしょうが、生保業界も日進月歩で「商品開発」が進んでいます。外資系の参入以来、競争もいっそう激しくなっています。情報も豊富になり、お客さまの意識もどんどん高くなっています。

その分、私たち営業も日々勉強を重ねていかないと、生保の仕組みに詳しいお客さまに満足していただけません。私のように、38年間続けてきた者にとっても、その経験だけでは太刀打ちできないほど、サービスの内容は更新されているからです。

たとえば、医療技術が急速に進歩している今日、患者さんのほうが医師より機器や技術に詳しかったら、お話になりませんよね。

それはちょっと大げさかもしれませんが、お客さまに全幅の信頼を寄せていただくためには、最新の情報をインプットし、わかりやすく説明できるだけのスキルを常に身につけておく必要があります。

もし、勉強を怠ったり、情報のインプットが止まったりしていたら、その時点で「営業失格」の烙印を押されてしまいます。

私はＣＦＰの資格も有しています。実はそれ以前に、「認定生命保険設計士」（現在はトータル・ライフ・コンサルタントという名称になっています）の資格も取得しています。とにかく、知識量では絶対に誰にも負けないよう努力してきました。

生保の知識を増やすことが仕事上必須であることは言うまでもありませんが、そのほかにも、経済に関する全般的な知識はもちろん、さまざまな業界事情から医療分野、文化芸術に至るまで、私は貪欲に情報を吸収してきたつもりです。

お客さまにはさまざまな方がいらっしゃいます。その方が働いている業界のことに通じていれば、お話もスムーズに運びますし、なによりその方にとても喜んでいただけます。主婦の方々とは、生活情報や教育問題などについてお話に花が咲きます。お料理の話題はマストと言っても過言ではありません。

私が知らない情報を聞かせていただいたときは、しっかりメモを取って次の会話に役立てることも忘れません。多種多様な職業の方や趣味をたくさんお持ちの方とコミュニケーションをとると、それだけで知識が豊富になり、営業職としての「幅」が広がるのです。

新人時代は、こんなことを言うのもなんですが、「頭のなかがカラッポ」だったような気がします。商品のご説明をするのに必死で、なかなかコミュニケーション能力を高めることができなかったからです。

私が読書をするようになったのは、心を落ち着かせ、気分をリフレッシュさせるためでしたが、半面、知識を蓄えて頭脳を「武装」するのにも効果があったと思います。

知識力をアップさせることは、すなわち営業力を高めることです。そのためには、自分のなかでバリアをつくらず、どんな分野にも興味を持つこと、そしてなにより「人」に関心を払うことが大切だと思うのです。

できるだけ多くの人と出会うことが「財産」になる

多種多様な方々と出会えることは、営業職、特に見知らぬ人とお目にかかることの多い生保セールスにとっては醍醐味と言えます。

新人の頃は、飛び込み営業をしながら「人によって、いろいろな断り方があるものだ」

と感心し、成長段階に応じてコミュニケーション力も身につき、接し方もそれぞれの方に合わせて工夫するようにしてきました。

後輩たちにも「できるだけ数多くの方と出会うことが成長につながるのよ」とアドバイスし、「だから飛び込み営業をおろそかにしてはいけない」と諭してきました。

営業先で、30人連続で断られたとしても、そこから得るものは必ずあります。

それは、なぜか。たとえ一言、二言でも言葉を交わすことで、相手が何を考えているのか、どのような気分なのかは伝わってくるはずです。その経験を１００人、２００人と積み重ねていけば、自ずと「人間とはどんな生き物か」がわかってくる。それこそが、営業職にとってはかけがえのない財産になるからです。

本書では「人間観察力」という言葉を一度使いましたが、もっと言うなら「洞察力」の鍛錬になる――それが営業という仕事の特長であり、やりがいでもあります。

とはいえ、「さあ、いまから洞察力を磨こう」と決めても、そんなことはできません。「洞察力向上講座」などというスクールがあるわけでもなし、洞察力をアップさせるためのマニュアルも存在しません。

要は、ひたすら人と出会い、そこで蓄積された情報をいかに後のコミュニケーションに応用するか。洞察力を身につけられるかどうかの分岐点は、ここにあるのです。

生まれつきか、子供時代のしつけによるものかわかりませんが、気配りのできない人や場の空気の読めない人、状況を把握するのが苦手な人はいます。「そういうタイプは営業には向いていない」と切り捨てるのは簡単です。しかし、私はけっしてそうではないと思います。

人の能力とは、その人の意志によって磨かれていくものです。もともと運動神経のいい選手、つまり才能に恵まれた選手だけが一流のスポーツマンになるわけではありません。

野球でたとえるなら、素振りを1日に10回しかしない選手よりも、1000回した選手のほうが、たとえ才能では劣っていても結果的にはいい成績を残せるのではないでしょうか。

もちろん、何も考えずにただバットを振っている選手には、成功は訪れないでしょう。ひと振りごとの感覚をカラダに沁み込ませ、状況を思い浮かべながら修正を加えていく――要するに、想像力を働かせる必要があるのだと思います。

営業にとっての「素振り」は、すなわち「人と出会うこと」。人の数だけキャラクターがあることがわかれば、「人を見る目」は変わっていきます。その経験によって培われた感覚を、お客さまとのコミュニケーションに活かせばよいのです。

ひとりの方との出会いは小さな体験かもしれません。しかし、コミュニケーション能力を身につけようとする意志さえあれば、それは「素振り」と同じように、トレーニングとしての価値を生み出します。そして、その積み重ねこそが、やがて「才能」を超えた力となってくれるのです。

「自信」を育てる

人が成長していくために欠かせない心理、それは「自信」ではないでしょうか。自信こそがあきらめない心を生み出し、挑戦を続ける意欲の源となり、そして人を強くするのだと、私は思うのです。

営業職とは、あらゆる職種のなかで最も、この「自信」に左右される仕事です。

米国の社会心理学者、ベルナルド・ワイナーは、ある課題に取り組んだときの「成功」と「失敗」の意味づけを4つに分類し、自信をつけ、モチベーションを上げるための指針を示しています。

4つとは、「能力」「努力」、そして「難易度」「運」です。

「自信がある人間は、失敗体験の原因を『努力』に結びつける傾向にある」と、ワイナーは説いています。まさにそのとおりだと思います。

飛び込み営業で何度も失敗を繰り返しているうちに、「私はこの仕事に向いていない」と考えてしまうタイプは、そもそも自分にはそのような能力がないと決め込んでいる人です。自分にまったく自信を持っていないので、おそらく営業以外の仕事をしても、失敗するたびに同じような結論に達すると思われます。

仕事を続けるうちに契約が取れる、つまり成功体験をしても、このタイプは「ハードルの低い営業先だったから」とか「運よくいいお客さまに出会ったから」と解釈して、自分の能力を信じようとはしません。

これでは、いつまでたっても自信はつかないでしょう。

では、発想を転換するとどうなるでしょうか。

もし仕事がうまくいかなくても、「それは努力が足りなかったから」と解釈すれば、「次はもっと努力すればよい」となり、自分の能力を疑うこともありません。

成功すれば「能力のおかげだ」となり、自信は深まり、さらなるモチベーションを引き出すことになります。

「私はできる。だから、もっとがんばろう」

私は営業を始めるまで、自分に何かを成し遂げる能力なんてないと思い込んでいました。もし、そのままの状態で営業職を続けていたら、おそらく半年ももたずに挫けてしまっていたでしょう。

「私はダイヤモンドの原石なのだ」と自らに言い聞かせるようになったのは、強引にでも「私には能力がある」と信じ込ませたかったからだと思います。当時はワイナーの理論など知る由もなかったので、後から知って、「ああ、なるほど」と納得したことを覚えています。

それからは、成功体験のたびに自信が増していくようになりました。

もちろん、「私には能力があるのよ」的な態度は厳に慎みました。「能ある鷹は爪を隠す」――それはコミュニケーション術の初歩であり、自信満々の風を吹かせて歩いているような人は、かえって人間関係を築くのがヘタなのではないかな、と私には見えてしまいます。

本書の冒頭でお話ししたような、入社していきなり「私は営業に自信があります」と言ってのけるような人もこれに当てはまります。

こういうタイプは、よく失敗の原因を外的な要素にだけ求めます。「今回は難しいお客さまだったから」「運が悪かっただけ」。そう処理して努力を怠るのです。

彼らが抱いているのは偽りの自信であり、非常に壊れやすい。だから、成功する可能性はとても低いですし、仕事も長続きしません。

私が「自分を好きになれ」「まず自らを承認しなさい」と言うのは、ただ単に「うぬぼれればいい」という意味ではありません。

それは、挫折してもあきらめない心、何があってもぶれない自信を身につけるためです。「私はできる。だから、もっとがんばろう」と決意することで、人は成長していくのだと思うのです。

失敗の原因を自分の能力のせいにしない

私は「失敗は成功のもと」というフレーズを何度も反芻しながら、ここまで営業を続けてきました。月並みな表現かもしれませんが、これほど的を射た言葉はないと思っています。

営業職の場合、多くの失敗や不成功を経験します。「なぜお客さまに拒否されてしまったのだろう」「どうしてお伝えしたことを理解していただけなかったのか」……毎日がその連続と言ってもいいでしょう。

失敗は、重ねるだけで成功に近づくわけではありません。私はそのたびに、自分の失敗をしっかり受け止め、やり方を改善する「努力」をしてきました。

このときに注意しなければならないのは、失敗の原因を追い求めすぎないことです。なぜうまくいかなかったのか、その理由を分析することは必要ですが、とことん追及しすぎると、迷路に入り込んでしまいます。

ややもすると、それは自分の「能力」のせいであるとか、ひいては自分の性格や人間性にまで及んでしまうからです。失敗は成功への道標ではありますが、あまり引きずってしまうと、かえって同じ失敗をしてしまう可能性もあります。

とはいっても、人は生まれつき、失敗したときには「何が悪かったのだろう」と考えてしまう生き物です。

これは「原因志向」といって、ひとつひとつ原因をつぶしていき、失敗を繰り返さないようにもっていく考え方です。

ところが、ほとんどの場合、原因には行きつきません。行きついたとしても、結局は「能力」や「人間性」など、どうすることもできないことばかりです。

よく親は子供に「なぜそんなことをしたの！」と言って叱りますし、上司は部下に「お前はどうしてこんなこともできないんだ！」と声を荒らげます。ミスの原因を聞かれたって、本当の答えなんか見つかるわけがありません。

毎回このような考え方をしていれば、よほどメンタルの強い人でなければストレスがたまり、精神的にまいってしまうでしょう。

私は「原因志向」を全否定するつもりはありません。科学的に原因が究明できるのなら、ぜひそうするべきです。機械工学や医療の現場では、重大な事故が発生したとき、必ず原因を徹底究明します。当然ですよね。そうしてもらわないと、おちおち安心して暮らすことができません。

私たちは、お客さまの心を引き寄せ、信頼関係を築いていかなければならない仕事をしています。そこには、科学では分析しきれない間や空気感などがあります。ですから、「原因志向」からは一刻も早く脱却して、「解決志向」に気持ちを切り替えなければならないのです。

「なぜできないのか」↓「どうすればできるようになるのか」

「解決志向」とは、極論を言えば、できないことはできなくていい、それは忘れて次のことに気持ちを集中させようという考え方です。

私は、失敗は失敗として十分に認識したうえで、自分に「ドンマイ」と声をかけて次の仕事に気持ちを切り替えるようにしていました。

見方を変えれば、それは「いい結果を出すこと」から逆算する思考法でもあります。数多くのお客さまと接していれば、大なり小なりさまざまなトラブルが発生します。もちろん、原因究明の大切さも理解できますが、ことコミュニケーションに関して言えば、「解決志向」でいくほうが断然有利だと思うのです。

では、どうしたら「解決志向」へと切り替えられるのでしょうか。

簡単に言うなら、「なぜできないのか」という心のなかのフレーズを、「どうすればできるようになるのか」に置き換えることです。

私は日々の反省のなかで、失敗したときの状況を書き出し、たとえば「なぜ、この方とはうまくコミュニケーションがとれなかったのか」という部分を、「どうすればコミュニケーションがとれるようになるのか」というふうに転換していきました。こうすれば、より前向きに仕事に取り組めるからです。

ミスをしてしまった日には、うまくいったことを思い出し、そこを強化することも大事です。「原因志向」だけで生きている人は、ミスの原因を突きつめる過程で、うまくいったことを忘れ、その部分も変えてしまうことがあります。

成功したところは、そのまま成長の糧として吸収していかないと、それがまた失敗の「原因」をつくりだしてしまうことになりかねません。

しかし、営業も人間ですから、どうにもならない原因に行きついてしまうこともあると思います。こんなときはどうすればよいのか。私の場合、悩んだら「本を読む」という解決法を見出しました。そうすることで、自分の「能力」を向上させることができると信じていたからです。

能力は自分ではコントロールできない部分なので、何かに頼ることもときには必要でしょう。生活環境を変えてみたり、学生時代の友人たちと交流したり、そのコミュニケーションのなかから自分の長所を再認識できるかもしれません。

また、モチベーションをアップさせるためには、「勉強」に取り組むことも有益です。私はＣＦＰという、一見身の程知らずのようなハードルに挑みましたが、業界によってさまざまな資格がありますし、その勉強に打ち込むことで潜在的な能力が目覚めることだってあります。

営業士や販売士の資格を目指すとか、グローバルな仕事をされている方ならＴＯＥＩＣに挑戦してもいいのではないでしょうか。

営業職だからこそできる勉強、仕事に活かされる勉強はたくさんあります。そういう点から見ても、営業は本当に奥の深い仕事だと思います。

「言葉にする」ことが、仕事も人生も好転させる

勉強といえば、予習と復習が大切であることは子供の頃から誰でもわかっていることだと思います。営業の仕事にもまったく同じことが言えます。

1日の終わりに業務の内容を整理し、その日のうちに翌日の行動予定を把握しておくことは、成果へとつなげるための重要なポイントです。

人は放っておくといろいろなことを忘れてしまうものです。忙しくなればなるほど、その傾向は強くなります。

前にも述べましたが、失敗の原因は「能力」ではなく「努力の欠如」にあることがほとんどです。忘れてしまうことだって、能力の問題ではありません。ただ単に、やるべきことをやっていないからなのです。「同じミスを繰り返す」のは、「学んでいない」、つまりは「忘れてしまう」からだと、私は思うのです。

人の頭のなかにはさまざま思考が入り乱れています。混乱すればするほど、やるべきことの「優先順位」がなくなり、大きなミスへとつながっていきます。思い出したくないことはすぐに忘れてしまうようでは、失敗の連鎖はいつまでも続きます。

その連鎖を止めるには、「思考」をまとめあげるための「行動」が大切になってきます。要するに、「言葉」で残していくことです。

言霊の力、読書をすることで思考が形式知として残される意義など、これまでにも「言葉」の大切さについてお話をさせていただきました。

ここでは、少し視点を変えて、その意味を考えてみたいと思います。

私たちの行動や態度は「言葉」によって支配されています。特に、お客さまに対して商品を的確に説明する義務を負い、その気持ちに寄り添い、共感していかなければならない営業職にとっては、言葉が仕事のすべてであると言っても過言ではありません。

そこで気をつけなければならないのは、言葉の選び方です。

それは、たとえば一日の業務を終え、明日に備えるときでも同じです。疲れているときや、仕事に忙殺されているときなどは、どうしてもメモも雑になり、行動予定が整理されていないことに気づきます。私は、その一点だけでも自分の状態を理解できるように努めていました。

しばらくお目にかかっていないお客さまに対して、失礼な言葉遣いをしているのではないか、お礼を述べるときに書き忘れ、言い忘れはないだろうか……。

そこで気づいたことはすべてノートに書き記し、けっして忘れないように心にとどめておきました。言葉を選ばずに生活していると、単純なミスが重なっていくものです。

落ち込んでいるとき、イライラしているときほど、言葉を大切に見直していくことが不可欠なのだと思います。

日々の行動をチェックし、書き起こしていく作業は、そのまま自分の営業スタイルを再構築していくことにつながります。「言葉にする」という行動によって思考を整理し、それをまた実際の営業活動にフィードバックしていくわけです。

この作業は、そのまま1年後、5年後、そして10年後の自分をつくりあげるうえでも有効です。立てた目標を行動計画に落とし込む作業が営業成績に結びついた話を第2章でしましたが、つまり、それは「人生設計」にも適用できるということです。

「将来、なりたい自分になる」ためには、きちんと言葉にして目標を設定すること。自分がどこへ向かおうとしているのか決まらなければ、「はじめの一歩」すら踏み出せません。目標が決まったら、次に具体的な行動計画を立てます。ゴール地点を定めても、そこに至る過程を描けなければ、途中で挫折するのは明らかだからです。

「資格試験に挑戦する」「営業所でトップ3以上の成績を収める」など、どんな目標でもいいので、最初は身の丈に合った中期目標を立てること。いきなり「1カ月後にMDRTのメンバー入り」を目指しても、意味はありません。

自分に適した目標と手段を見つけることが、成功への第一段階です。それができれば、日々の行動は自ずと設定されていくはずです。

第5章【エッセンス編】

営業ほど楽しい仕事はない

少女時代の牛乳配達が「やり遂げる力」を育んでくれた

高校を卒業して銀行に就職した私は、5年間、事務の仕事に携わっていましたが、長男が生まれたのを機に退職し、その後3年間は専業主婦をしていました。その間、次男を出産しましたので、20代半ばにして2児の母親になっていたわけです。

その後、26歳で第一生命に入社したことが、私の人生を決定づけたということは、すでにお話ししたとおりです。

ただ、振り返ってみると、やはり小さい頃の体験が私の人生には大きくかかわってきたのだな、と思わざるをえません。

このお話が営業職を目指す方々、または仕事でお悩みになっている方々にとって、前を向くためのヒントになるかどうかわかりませんが、少しだけご紹介させていただくことにします。

父親は私が2歳のとき、31歳で亡くなりました。私には姉と弟がいますので、それ以来、母親はひとりで3人の子供を育てていったわけです。

当然、わが家は経済的にとても苦しい状況になりました。そして、私は家計の足しにと、祖父が営んでいる新聞販売所で働くことになったのです。

さすがに小学生に朝から仕事をさせるわけにはいかなかったらしく、夕刊だけですが、毎日受け持ちの地区で新聞を配達しました。まだ子供でしたから、学校から帰れば遊びに行きたい気持ちもありましたが、サボるわけにはいきません。

新聞配達を全うした後は、牛乳配達が始まりました。中学生になると、叔父が営む取次店に、今度は早朝から出向いて１軒１軒回る日々です。

正直言って、これはキツかった。朝早く、中学生が登校前にノルマをこなさなければならないのですから、想像すればおわかりいただけると思います。

私は毎日、教科書で覚えた宮沢賢治の詩を唱えながら、自転車で牛乳を配っていました。「雨ニモマケズ　風ニモマケズ……サウイフモノニ　ワタシハナリタイ」

実際、台風のときも、雨が多くなる冬の時期も、１日も休むことなく働き続けました。つらくてやめたいと思ったことは何度もありました。ときおり、「これは何かの訓練なのかな」という思いがよぎったこともあります。

後に、飛び込み営業で挫折しそうになったとき、歯を食いしばってがんばってこられたのは、このような少女時代の経験があったからかもしれません。

普通の子よりも家庭環境が楽ではなかったおかげで、反骨心が養われたとは感じていますし、やると決めたことを継続する力も育まれたのでしょう。

でも、中学、高校の6年間、最後までやり遂げられた最大の原動力は、「この牛乳を待っている人がいるのだから、届けないわけにはいかない」という思いでした。「自分が負った責任は果たさないと後悔する」とも考えていました。

自分はひとりで生きているわけではない。周囲の支えがあって、学校にも通うことができている。だから、私も誰かの助けになるんだと、そう言い聞かせていたような気もします。

「幸せそう」に見えることのメリット

この時期に学んだことで、いちばん私の糧となっているのは、「人の役に立っている感覚」がいかに心を充実させてくれるか、ということです。その充実感は、後の仕事においても、確実にモチベーションをアップさせる力になってきたと言えます。

実は、私はお客さまたちから「お嬢さま育ち」と誤解されることが多く、ときにこのようなお話をすると非常に驚かれます。話し方がおっとりしているせいか、何不自由なく生きてきたように見えるそうなのです。

でも、そう思われることを私は是としています。なぜなら、生命保険という商品をご提案させていただく者は、「幸せ感」を発散させていなければならないと思うからです。やつれた表情で、不幸せそうな雰囲気のなかで提案された商品に契約したいと思う方はいらっしゃらないでしょう。

その人物がどのような育ち方をしたのか。それはお付き合いが深くなるほどに、隠していても相手に伝わってしまうものです。私は、「幸せな女性」に見えるよう努力してきました。これもまた、仕事上のエチケットのひとつだと心得ています。

「税理士になる」という夢をあきらめたいきさつ

18歳で地元の銀行に就職した私は、黙々と与えられた仕事をこなす日々を送っていました。入社して2年目ともなると、仕事にも慣れてきました。しかし、毎日がルーティンの繰り返しです。20歳になると、「平凡なOL生活にいつかは見切りをつけたい」と思うようになっていました。

そのためには、自分をレベルアップさせなければならない。どうすればよいのかと考え、資格を取ることが近道だと思い至るようになりました。

その目標となったのが「税理士」です。高校時代から憧れの対象として心に抱いていたのですが、成人を迎えて「よし、勉強を始めよう」と決意したのでした。

ところが、税理士になるためには、条件がありました。大学、短大、または高等専門学校を卒業した者で、法律学または経済学に属する科目を1科目以上履修している者、もしくは、日本商工会議所が主催する簿記検定試験1級に合格している者、などと定められているのです。

そうこうするうちに結婚、出産を機に銀行を退職することになり、23歳にして専業主婦となったわけですが、それでも税理士への夢をあきらめることはできません。

しかし、冷静に考えてみれば、それがどれほど困難なことかがわかります。子供を抱えて大学受験をする、あるいは日商簿記1級の試験に合格するなんて、無茶な話です。どちらをとっても、道が開けるとは思えません。とはいえ、あきらめの悪い私は、まだ「なんとかなるのではないか」と考えていました。

生保営業にめぐりあい、この仕事に打ち込もうと決意してからも、「税理士になりたい」という気持ちはずっと抱き続けていました。

そんなとき、お客さまで税理士事務所に勤める男性と知り合い、相談したことがあります。すると彼は、「税理士になるために、ぼくは会社を辞めて勉強した」とおっしゃるのです。

そのお話をうかがって、営業の仕事をしながら家庭を守り、そのうえ税理士を目指すことは不可能だということを悟り、私は「営業一本で行こう」と方針転換しました。

それからというもの、「トップになる」ことを目標に、15年以上もの歳月、営業の道を走り続けてきたのですが、ふとこう思ったのです。

「このままでは、いままで来た道の延長線上を行くだけではないかしら」

そのとき、私の心に、いったんは封印したはずの「税理士」という夢がよみがえってきたのです。いや、正確に言えば閉じ込めていたわけではありません。20～30代の間も、ときおり心の引き出しから取り出しては、じっと見つめていたような気がします。

ＭＤＲＴのメンバー入りという大きな目標に向けてスタートを切るとともに、ＣＦＰ資格への挑戦を決意したのは、そのタイミングだったわけです。

もし、私が「税理士になる」という夢を完全に断っていたら、ＣＦＰへの挑戦はしていなかったかもしれません。

結果的にはここでも方針転換をしたのですが、思えばこの時点で税理士になるという選択はありえなかった。でも、営業職としてここまでがんばってきた自分に対する新たな課題として、ＣＦＰという高い壁を自分に突きつけることができたのは、いわば「税理士への挑戦に敗れた」ことへのリベンジだったからです。

それを果たしたいま、税理士への未練はありません。営業職として、誰も到達したことのない領域に入れたことで、その思いを乗り越えることができたからです。

ただ、大志を抱くことの大切さ、その志を忘れずに継続させることがいかに意味のあることか。いまはそれを実感しています。

「私の仕事は現場にある」

ＭＤＲＴ、ＣＦＰという2つの目標を達成することができた40代の頃、私は会社から管理職への「昇格」を打診されました。

かなり強く勧められもしましたが、私は「ありがたいお話」であることは承知のうえで、丁重にお断りしました。

おそらく、人生のステップとしては、管理職となり、部下を持ち、リーダーとなって後進の指導をしていくことが常道なのでしょう。

でも、私はどうしても管理職になった自分を想像することができませんでした。

現横浜市長の林文子さんのように、ＯＬから自動車販売会社へ転職し、トップセールスとなり、やがては大企業の再建を任され、日本を代表する女性経営者、そして政治家にまで上りつめられた方もいらっしゃいます。

セールスの現場から日本経済の中心人物となり、行政の長になられるなんて、すばらしいことです。そして、その原点には「営業職」としてのセンス、女性ならではの繊細な感性があったことは想像に難くありません。

自動車販売も、お客さまの人生に幸せや喜びを運ぶお仕事だと思うのです。その点では、生保と相通じるものがあるかな、とも思います。

林さんは、「自分はどのようにして人々の生活に役立てるだろうか」ということを常に念頭に置いて仕事をされていたと聞きます。その点も、私が仕事に邁進するうえでの基本姿勢とまったく同じです。

ただ、私が「その先」に進まなかったのは、自分に最も適した場所、世のため人のために尽くせるポジションが、現場であることをわかっていたからです。

管理職となり、責任ある職務に就くのも意義あることだとは思います。でも、私はどうしても「現場の空気」を吸っていたかった。そうしなければ、私が私ではなくなってしまうと思ったのです。

「私の仕事は現場にある」――これからも、その信念は揺らがないと思います。

営業ほどすばらしい職業はない

一般的に「営業」という仕事はどう思われているかというと、「典型的なサラリーマン」「誰でもなれる職業」であり、「その割にノルマに追われて厳しそう」「優秀な人材が配属される部署ではない」などと、とても軽く、否定的に扱われているフシがあります。

それに比べて、エンジニアやデザイナーなどは「クリエイティブでかっこいい」とされ、企画や財務などは「知的な専門職」というイメージがあって人気が高いとか。

その証拠に、数年前にある就職情報サイトが行ったアンケートでは、なんと大学生の9割が営業職を「やりたくない」と答えたそうです。

しかし、それは誤解と偏見によってつくられたイメージによるものであり、営業はけっしてそのような扱いを受けるような職種ではありません。

「営業ってどんな仕事ですか」と、これまで何十人、何百人の方に尋ねられました。私は、そのたびにこう答えてきました。

「これほどすばらしい仕事はありません。営業職に就けたことを誇りに思います」

営業こそが経済社会の中心にあると私は考えていますので、誰にはばかることなく堂々とそのように申し上げています。

企業の命運を左右する要の職種――それが営業職です。

どんなに優れた商品が出来上がったとしても、それを売る人間がいなければ会社はやっていけません。その巧拙は、そのまま会社の存亡に直結します。

たとえば、製造されたときに１００点満点だった商品も、営業の手腕によって２００点の評価を受けることもあれば、50点の価値しか生まないこともあります。

商品は、その性能や装備、あるいは使い勝手やコストパフォーマンスだけで売れるわけではありません。まあ、モノによってはそれだけで購買意欲をかき立てられる商品もあるでしょうが、それなら「ネット通販でどうぞ」と、私は思います。

しかし、大きなお買い物をなさろうとしているお客さまは、そう簡単に心を動かしてはくれないものです。

では、私たち営業はどのようにしてお客さまの心をつかめばよいのか。

具体的には、営業職に就いている方々それぞれが、オリジナルの手法を考えるべきでしょう。私は本書でそのヒントを語ってきたつもりですが、正解はひとつではありません。

基本的なことを言うなら、自分が売っている商品に盛り込まれたドラマやストーリーを、お客さまがご自身の人生にリンクしていただけるように、心を込めて売る——私はその心構えで仕事に臨んでいます。生命保険というカタチの見えない商品を売っているせいか、特にそう感じるのかもしれません。

営業という職種が企業に与える力は、単に「売り上げを増やす」だけではありません。そもそも、商品やサービスはどのように立案され、つくられ、世に出ていくのか。その過程においても、営業の存在は欠くことができないからです。

お客さまが何を考え、何を求めているのか――その情報を収集できるのは、圧倒的に営業職です。

企業同士の営業を主とする業種（BtoB）にも当てはまりますが、企業対個人消費者（BtoC）の場合は特に、営業活動のプロセスにおいて顧客の意識や志向をつかみとる力がモノを言います。

最近では、このようにお客さまの購買意欲をかき立てる核心のことを「顧客インサイト」といって、もはやマーケティングの基本だそうですね。

この言葉を使うなら、私は38年間、お客さまの求める商品を提供するために、常に「お客さまインサイト」を発見し、掘り起こしてきたことになります。しかも、生保業界の場合、お客さまはそれぞれがまったく異なる方々ですので、インサイトも多様ですし、それらの一つひとつに丁寧に応えていく必要があります。

みなさんももうおわかりのとおり、商品開発の方向性やサービスの内容を決定づけるのは営業職だということです。

セールスとマーケティング

いま、企業にとって「マーケティング」は戦略的に最も重要な要素とされています。市場のニーズを的確に求めていけば、顧客との導線が明確になり、モノが売れるようになる……私の頭のなかでマーケティングとはそういう理解になっていますが、どうでしょうか。

「優れたマーケティングはセールスを不要にする」

これはドラッカーの有名な言葉ですが、どういう意味でしょうか。マーケティングさえしていれば、モノは自然と売れていくということでしょうか。

私の解釈はそうではありませんし、ドラッカーの真意も違うと思います。

その説明をする前に、確認しておきたいことがあります。

営業の仕事には、マーケティングとセールスの両面があります。生保営業は「セールスマン／セールスレディ」や「セールスパーソン」などと称されていますが、実はお客さまの数だけあるニーズに応え、蓄積されたその情報を活用するという意味で、マーケティングも行っているのです。

前項でも述べましたが、私は「顧客インサイト」の発見と活用に38年間を費やしてきました。いわば、私はマーケッターでもあるのです。

「セールス」と聞いて「売り込み」だけを連想される方は、営業職を正しく理解されていないと言わざるをえません。

ここ数年で生保業界の「売り方」が様変わりしてきたことは、すでにご存じのとおりです。お客さまが得られる保険に関する情報は無限と言っていいほど多く、ネットを介してさまざまな商品も紹介されています。

私が仕事を始めた頃は、生保に関する情報も乏しく、私たちが適切にご説明すれば事足りたのですが、いまはそうはいきません。

お客さま自身が商品を検証し、比較検討されるほどに進化しているからです。

だからこそ、営業も進化していかなければなりません。知識を貪欲に増やしていくとともに、お客さまとのコミュニケーションを通じて入手した情報を経験値として蓄え、マーケッターとして向上していかなければならないのです。

優れた営業こそ真のマーケッターである

そこで、ドラッカーの言葉です。

彼は「真のマーケティングは顧客からスタートする」とも述べています。

まさにそのとおりです。

セールスで成果を収めるためには、ひとえにお客さまとの信頼関係を深めるという仕事を徹底しなければなりません。特に生保営業においては、この一点に尽きると言ってもいいでしょう。売り手と買い手との間に信頼関係がなければ、絶対にセールスはうまくいきません。

私たちにとって、マーケティングとは、お客さまとの絆を深めることを意味します。

ですから、前項冒頭の言葉は、「営業職がセールスで成果を収めるためには、よりマーケティングを重視しなければならない」という意味であり、けっしてセールスを否定しているわけではないということです。

私が本書で語ってきた「お客さまとの密接な関係構築」は、すべてマーケティングの一環です。定期的にお手紙を書く、お客さまからのプライベートなご相談にも真摯に向き合う……そして、それらをたゆみなく継続していく。それが、後にセールスの成果となって表れるのです。

「飛び込み営業」なんて古くさい手法は非効率的だと考える「いまどき」の人たちには、私たちこそがマーケティングの先駆者であることを認識していただきたいと思います。

さらに言えば、営業を経験しておけば、その後どのような部署に配属されても通用する、いや、一歩も二歩も先んじることができると思います。

商品開発や経営企画を担うことになったとき、営業の経験がなければ「顧客インサイト」を感じることはできません。つまり、マーケットが求める商品を生み出すことが難しくなるわけです。

ですから、企業に就職して出世コースを歩みたい人にとって、営業職を敬遠することは大きなハンデを背負うことになります。

「今度、営業に回されてしまったよ」などというセリフを聞くと、本当に耳を疑いたくなります。自分が会社の中心となるべき存在として、抜擢されたことがわからないのでしょうか。

一流のビジネスマン、キャリアレディを目指す方は、営業を必ず経験しておかなければならない、または営業から仕事を始めるべきだと、私は強く思うのです。

トップセールスは「4つの自信」を手にしている

営業職として働く人たちに私が望むことは、仕事に誇りを持っていただきたいということです。営業にはオリジナリティやクリエイティビティが必要とされます。多くの方と出会うことで人脈（私は「人の輪」と言っています）をつくることができ、それが新しい自分を創造してくれ、成長へと導いてくれます。

「成長」とは、すなわち「自信」である、と私は考えています。自信によって成長は促され、成長が自信を定着させていく――2つの言葉が、まるで深い絆で結ばれたような関係にあることは、すでに述べたとおりです。

そして、私は講演会やセミナーにお招きいただいたとき、必ずこう申し上げます。「トップセールスは、『4つの自信』を手にしている」

あくまでも私の経験から出てきた言葉ですが、おそらく、ほとんどのトップセールスに共感していただけると思います。

まず一番目は、自分が所属している会社に対する自信です。

私は、すでにご承知のとおり、創業者・矢野恒太との衝撃的な「出会い」から第一生命に入社しました。「この人の思いを受け継いでいきたい」という願望が働く意欲のもとになったわけですから、その自信が揺らぐことはありませんでした。

二番目は、自分が扱っている商品やサービスについての自信です。売り手側に商品への信頼がなければ、お客さまにその価値が伝わるわけがありません。

そして三番目は、職業に対する自信。「営業職こそが一番の仕事である」というプライドを、ぜひ強く持っていただきたい。

最後に四番目。それは自分に対する自信です。「あなたは自分の可能性を心から信じていますか？」「自分自身を大好きですか？」と、私は自らに問いかけてきました。

以上、４つの自信を持つことができれば、心からの誠意や情熱がきちんとお客さまに伝わるはずです。

「できなかったこと」が「できるようになった」とき、しかも、それが偶然ではなく本人の努力の成果であったとき、自信は更新され、強化されていきます。

結局、できなかったことをくよくよ反芻するのではなく、解決志向を持って、前向きに小さな努力を積み重ねていくこと——それが本物の自信をもたらすのだと思います。

ネガティブな気分にどう対処するか

失敗の連続で心がヘトヘトになったとき、支えとなるマインドを持っていることは大いに役立ちます。しかし、それでも折れそうになったら、どうすればよいのか。

考えてみると、日常生活は「小さなイライラ」の連続です。あと一歩で電車に乗り遅れた、コンビニで買い物しようとしたら1円足りなかった……。仕事がうまくいっていないときにそんな目に遭ったら、ストレスがどんどんたまっていきますよね。

なぜ、人はイヤな体験を引きずってしまうのでしょうか。

それは、私たちの脳が持っている「機能」だからです。

ネガティブな出来事のほうが心に残りやすい——これは、人間に本来備わっている習性だそうです。ネガティビティ・バイアスといって、危険や害が及びそうな情報を記憶にとどめ、それを避けることを促す「本能」があるからです。

イヤなことがあって、それをいつまでも引きずっていると、どうしても態度に出てしまうものです。表情や言葉遣いにも影響することがあります。でも、それがお客さまに伝わってしまうのは、営業としてあってはなりません。

私はそんなとき、無理矢理にでも物事の「いい面」を見るようにしてきました。ムシャクシャした気分が本来的な機能ならば、それを覆すためには意志の力が必要です。

たとえば、電車に乗り遅れてしまったら、「これは大切な方とめぐりあえるきっかけかもしれない」というように、ネガティブな出来事を意図的にポジティブな視点で見るようにするのです。

お訪ねしたお宅が留守だったために、お隣の方と知り合うきっかけになったお話をしましたね。実際にこういうことはよく起こります。だから、失敗したから、間違ったからといって、何事もマイナスには捉えないようにしました。逆に、「それはチャンスなのだ」と言い聞かせたのです。

人の気持ちはプラスとマイナスで１００％になります。ですから、ひどく落ち込むような出来事があったら、楽しいことや好きなことを思い浮かべ、それで心の50％以上を満たしていくことも有効です。

本に書いてあったこと、おいしかった食べ物、心地よい音楽など、それはなんでもかまいません。「私はいま、いい気分に満たされている」と思い込ませるのです。

ネガティブな気持ちになりそうなときは、できるだけ自分を客観的に見つめ、「後ろ向きの自分」を論破するぐらいでなければなりません。

「人を見る目」の養い方

営業の経験を重ねると、お客さまの人柄やご家族との関係など、(けっして詮索するのでなく)その方の様子がわかるようになります。

「人を見る目」を養うことが営業職として必須であることは、もうご理解いただけていると思いますが、では実際に「見る目」を養うにはどうすればよいのでしょうか。これは、先ほど申し上げた「お客さまインサイト」を感じ取るためにも重要なテーマです。

まず大切なことは、「人を色眼鏡で見ないこと」。言い換えるなら「先入観で人を判断してはいけない」ということです。

人間は状況に応じて、自分の意志とは関係なく、瞬時にある考えが頭に浮かんできたりします。つまり、脳が反射的に考えてしまう。これは「自動思考」といって、初めて会った方に対して抱く「第一印象」などもそのひとつです。

人に対する自動思考は、容姿や身なり、話し方や仕草などの外見で決まると言っていいでしょう。そのときの印象が頭から離れず、どうしてもそこに引きずられてしまいがちです。

「言葉遣いが乱暴な人↓気難しくて頑固」

「着ている洋服やお化粧が派手な人↓見栄っ張り」

そんな考えが直感的に湧き上がり、その方の人物像にレッテルを貼ってしまいがちなのです。

でも、これは無根拠な固定観念である可能性が高い。

こういうことを繰り返していると、営業職としての「人を見る目」は絶対に育ちません。先入観をもとにした早合点をしてしまっては、そのお客さまが本当はどのような人物で、何を望んでいらっしゃるのか、理解できなくなってしまうからです。

自動思考に縛られる人には癖があります。「この人、私のことを嫌っている」とすぐに判断してしまい、最初から人間関係を築こうとしない人がいるかと思えば、逆に、いきなり馴れ馴れしい態度をとる人もいます。いずれにしても、浅慮なタイプだと言えるでしょう。

お客さまはもちろんのこと、初めてお会いした方に対しては、「好き」や「嫌い」といった感情が反射的に浮かんだとしても、いったん思考を止めて、その理由を客観的に分析し、その人を正しく知る必要があります。

正しいコミュニケーション力は、そうやって身についていくのだと思います。

「人に好かれる力」を発揮するために

営業職を敬遠する大学生たちにその理由を問うと、その多くが「コミュニケーションをとるのが苦手だから」と答えたそうです。

それを言うなら、私もそのひとりでした。いまでも人見知りしますし、相変わらず口べタでうまく自己表現ができず、コンプレックスのひとつになっています。

つまり、一人前の営業になれるかどうか、そこに「コミュニケーション能力」の有無はあまり関係ないのではないか。私はそう思っています。

「営業は無理」という学生たちの「苦手」の中身は、人付き合いのことだと思うのですが、もしそうであるなら、なおさら営業職に就いて、新しい自分を発見していくチャンスをつかんでいただきたいのです。

人嫌いというのは、すなわち「自分嫌い」のことだと思います。自己評価が低い、自己肯定感がない、そして、自分を好きになれない……。

実社会において、自己評価の低い人は大きな損をしていると思います。おそらくそういう人たちは、常に他人と自分を比べ、劣等感を強く持つようになるでしょう。もしくは他人に羨望や嫉妬を抱きながら仕事をしていくことにもなります。

私は、人付き合いはヘタでしたけれど、そういう人にはなりたくなかったので、自分のことを「ダイヤの原石」「上昇間違いなしの有望株」と決めつけたのです。

あるときから、目標を設定する大切さも知りました。日々の仕事のなかで小さな目標をクリアしていくごとに、いつしか劣等感が消えていき、自己評価が高まっていくのがわかりました。「4つ目の自信」が身についたわけです。

不思議なもので、このように「脱皮」ができた私は、それからというもの、お客さまからの信頼をいっそう得られるようになりました。たぶん、自分でも気づかなかった「人に好かれる力」が発揮できるようになったからだと思います。この力は、営業職にとって、いや、実社会で生きていくうえで最大の武器になります。

『項羽と劉邦』の劉邦のように、生まれながらにして人に慕われるキャラクターの人もいるかもしれません。劉邦はうだつの上がらない飲んだくれの「木偶《でく》の坊」だったのに、漢の皇帝にまで上りつめましたが、彼のように無意識のうちに人の信頼を勝ち取れる人はほんのひと握りしかいません。

「人に好かれる」のも、努力によって達成できる「成果」なのだと、私は経験を通して実感しました。たとえ「コミュニケーションが苦手」と思い込んでいる人でも、ほんの少しの努力で一歩前へ進むことができるはずです。

まず、意識的に自分を好きになろうとする、そして、小さな目標をクリアしていく。それだけで、内面に潜んでいる魅力が湧き出てくるのだと思います。

自分のことを覚えていてくれる相手に、人は心を開く

「人に好かれる力」は、ちょっとした心がけだけでもアップさせることができます。私が

傾倒する哲学者、デール・カーネギーは、その著書『人を動かす』（創元社）のなかで、「人に好かれる６原則」を謳っています。

①　誠実な関心を寄せる
②　笑顔を忘れない
③　名前を覚える
④　聞き手にまわる
⑤　関心のありかを見抜く
⑥　心からほめる

どれも的を射たことばかりですが、特に、②出会った人の名前を覚えることは、好感度を上げるためにとても有効です。

カーネギーは著書のなかでこう指摘しています。

「人間は他人の名前などいっこうに気にとめないが、自分の名前になると大いに関心を持つものだ。自分の名前を覚えていて、それを呼んでくれるということは、まことに気分がいいもので、つまらぬお世辞よりもよほど効果がある」

みなさんも、初対面の人が自分の名前を会話のなかに織り交ぜると、なんだか気分がよくなりませんか。

私は仕事上のお付き合いをするなかで、「玉城さんはどう思いますか?」「……なのよ、玉城さん」と、言葉の端に私の名前を加えてお話しされる方が何人かいらっしゃり、とても好感を持ったことがありました。

自分がされてうれしいことは実践していこうと思い立ち、その後、私も会話のなかに相手の方のお名前を入れながらお話をするようになりました。

そうすると、相手の方が私にいい印象を抱いてくださるのに加え、私もその方のお名前を覚えられるので、一石二鳥なのです。

この経験があったので、カーネギーの本を読んだときに、「やはり、そうよね」と、改めて意を強くしたのです。

難しいお名前はかえって覚えやすいですが、ありふれた名字ですと、いろいろな方がいらっしゃって混乱することもあります。沖縄では「比嘉さん」「金城さん」などがそうです。玉城という姓もかなり上位につけていると思います。

ですから、お名前を覚えるときは必ずフルネームで頭にインプットするようにしています。お住まいの場所やご職業も同時に覚えます。

「自分のことを覚えていてくれる」相手には、人は心を開いてくれるものです。

才能は万能ではない

私は最近、中国明代の思想家である呂新吾が遺した「深沈厚重《しんちんこうじゅう》」という言葉に接し、改めて「人間力」について深く考えるようになりました。

彼はその著書『呻吟語《しんぎんご》』のなかで、人物は３つの等級に分類されるとしたうえで、リーダーになる人間にはどのような資質が重んじられるべきかを、次のように表現しています。

一、深沈厚重なるは、これ第一等の資質なり
二、磊落豪遊《らいらくごうゆう》なるは、これ第二等の資質なり
三、聡明才弁《そうめいさいべん》なるは、これ第三等の資質なり

「深沈厚重」とは、物事を深く考え、どっしりと構えて動じないこと。また、利他的であり、公平無私な人格を有していることです。

つまり、それこそがリーダーにいちばん求められる資質であり、太っ腹で細かいことを気にしない性格は第二等、才能豊かで弁の立つ人物は第三等、つまり最下位の資質に過ぎないというのです。

呂新吾は明末期に生きた官僚でもあり、激動する国情に翻弄されながら数多の人物の性質を見極めてきた人物であり、83年の生涯を通して数々の至言を遺しています。右の言葉は、まさにそのひとつです。

『呻吟語』はとても有名な哲学書なので、ご存じの方もたくさんいらっしゃると思います。私はまだまだ呂新吾のように人生経験が豊かではありませんが、これまでに数多くの方々とめぐりあってきたことは間違いありません。

お客さまをはじめ、生保業界の方々、研修会などを通して交流をさせていただいた諸先輩方のおかげで、私という人間は出来上がったのだと思っています。

そのなかには、経営者として、または組織のリーダーとして成功した方が大勢いらっしゃいます。私は、彼ら／彼女らがなぜその道で功成り名を遂げることができたのか、わかるような気がするのです。

成功者に共通するのは、単に商才があるとか、頭脳明晰であるという資質ではなく、人を引き寄せる力、確固とした信念を持ちながらも、何事にも寛容でいられる落ち着きがあることです。

呂新吾の受け売りのようですが、私が接してきた「昭和の時代を知るリーダー」で成功した方々は、大なり小なり「深沈厚重」であったと思います。

ところが、最近では「才気煥発」であることが必要以上にもてはやされて、リーダーの器でもない人物が組織の上に立っていることが多いのではないでしょうか。

直接お目にかかったことがないのに、こういうことを申し上げるのは失礼かもしれません。ただ、ＩＴ業界をはじめ、21世紀になって花形となった業種は、傍から見ていてあまりにも功利的で、なおかつ目先の効率のみを追いかけているような気がしてなりません。

これはやはり、経営者たちの志向がそうさせているのではないか。もしそうだとしたら、この先、日本はまずいことになるのではないかと、老婆心ながら心配しているのです。

いくら頭が切れ、弁舌がさわやかであろうと、そういう才覚だけの人間がリーダーとなった組織は、やがて滅びる運命にある――時代を超えて、この真理には変わりがないのだと思います。

「深沈厚重」の一節は、リーダーの資質について述べられているのですが、私はそれだけではなく、人間として生きるうえでとても大切な価値観がこの言葉には詰まっていると思うのです。

つまり、才能は万能ではない。というより、人が成長するうえではむしろ邪魔になることもあるのではないか――それを証明してきた人たちは、あなたの身の回りにもたくさんいらっしゃるのではないでしょうか。

仕事が人を成長させてくれる

人は生きている限り、さまざまなかたちで社会と関わり続けます。一般的な現代人であれば、少なくとも2つや3つ、いや、それ以上のコミュニティに属しているはずです。サラリーマンやOLであれば会社員として、それに学生時代の友人たちや趣味のサークル、近隣住民との付き合い、さらには行きつけのお店の常連同士などなど、家庭以外の場でそれぞれに応じた役割を担いながら生きています。

やがてそれなりの年齢になって、高齢者向けの施設で暮らすことになれば、他の住人たちとの交流も避けられなくなるでしょう。

「人付き合いは苦手」「ひとりが好き」と言ったところで、そうはいきません。コミュニケーションの必要性は死ぬまでなくなりません。

おかげさまで、私はその点においては何の不安も抱いていません。営業という仕事によって、コミュニケーション術を大いに学ばせていただいたからです。

それまで、ひとりで殻に閉じこもりがちだった私が、常に心をオープンにしておく習慣を身につけ、多くの知己を得ることができたのも、すべて仕事のおかげです。円滑なコミュニケーションのノウハウや人の気持ちをつかむコツなども、なんとか身につけることができました。

このまま、私は一生「営業マインド」を抱き続けるのだな、と思っています。それは職業柄、好むと好まざるとにかかわらず「仕事を引きずりながら生きる」という意味ではありません。むしろ、新しい方と出会い、人間関係を深めていくことが楽しみでならないのです。

仕事は人生のほんの一部であり、充実感は趣味や家庭に求めたいと考える方もいらっしゃるでしょう。近頃、仕事は単に「収入を得るための手段」であり、それ以上の価値はないと感じる人も、20～30代には多いと聞きます。

もし、それが本当だとしたら、その方たちは人生の三分の一近くを無駄に過ごしているのではないでしょうか。

私にも家庭はありますし、プライベートな友人も大勢います。どれも私にとって宝物です。でも、仕事も私の人生において欠くことのできない価値あるものです。

なぜなら、私は営業職のおかげで人間的に成長できたからです。目標をクリアしたときの達成感、さらなる目標を設定して挑戦するときの高揚感は、仕事を通じてでなければ絶対に得られなかったでしょう。

人は社会人となり、仕事に就いてようやく成長し始めるものだと、つくづく思います。ですから、もしその価値を低く見なすようであれば、その人の成長もそこで止まってしまうに違いありません。

それは、とてもつまらない人生ではないでしょうか。

生保のセールスレディとしての誇りを胸に

女性の社会進出が話題になり始めて、もう何年もたちました。2016年には「女性活躍推進法」が施行され、国・地方公共団体、301人以上の企業は、女性社員を活躍させるための課題分析や、実際にどのように女性が活躍しているのか、情報の公開をしなければならなくなりました。

最近の風潮として、どうも無理矢理に女性を活躍させようとする感じがして、私はどうもしっくりきていません。ましてや、その流れを法律や制度にして固めるのはどうかと思うのですが、みなさんはどうお感じでしょうか。

ご承知のとおり、生保業界ではかねてから多くの女性がセールスとして働いてきました。その原点には、「戦争未亡人に仕事を与える」という終戦直後の大義名分があったようですが、その後も、この仕事は主に女性が担ってきた歴史があります。

ですから、女性が社会へどんどん進出し、日本経済を支える存在になっていくのは大いに喜ばしいことですが、30年以上もセールスの最前線に立ってきた私としては、「どうしていま頃になって……」という思いもあるのです。

生保営業は、いまだに女性の占有率が高いのは事実です。世間一般的に、営業職は「なりたくない職種ナンバー1」という見られ方をしているなかで、特に生保営業はその代表格として扱われてきました。

世の営業職といえば、生保業界以外はほとんどが男性に占領されています。それなのに、生保に少なかった理由は、「営業職のなかでも地位が低い」「これは女がやる仕事。男が保険を売るなんて格好が悪い」といった偏見があったからでしょう。

また、契約先となるお客さまは男性のほうが多いため、女性が多く採用されやすいという背景もありました。

ところが、ここへきて、その傾向に変化が出てきました。外資系を中心に男性の生保営業が非常に増えてきたのです。私からすれば、「やっと男性もわかってきたのね」という気持ちです。またいっぽうで、男性の営業職が増えてきたということは、それだけ生保営業の社会的地位が向上してきた証ではないかとも思うのです。

女性の社会進出ならぬ、男性の生保営業進出――この流れがもっと強くなれば、これまでの誤解と偏見に基づく、営業職全般に対する浅薄な見方も改まっていくのではないでしょうか。


私は、トップセールスという立場からさらに上を目指し、ＭＤＲＴの終身会員になることで、少しは後輩たちの目標になれたのかなと自負しています。

ＣＦＰの資格を取ったことで、「生保レディもなかなかやるじゃないか」という評価も随所でいただいてきました。

もちろん、私だけではありません。業界全体に新たな光が差し込んできたのは、これまで数十年間、生保業界を支えてきた歴代女性営業職の努力があったからです。

その流れに、私も微力ながら貢献できているのであれば、とても光栄なことです。

営業職はマインドが8割

営業職は、たしかにつらいことも多く、ひとつ小さな成功があったとしても、翌日にはまた大きな壁が待ち構えている。そんな仕事です。これは生保に限らず、そして男女の区別もなく、他業種で働いている方々にとっても同じでしょう。

でも、だからこそ、経験を重ねれば重ねるほど、自分の成長を現場で感じることのできる仕事なのです。

私は講演会などの機会をいただいたとき、よく「営業道」というテーマでお話をさせていただいています。

柔道家や剣道家が、技を磨き、心身を鍛えることで道を究めてゆくように、営業職にも追究すべき「道」があると思うからです。

仕事をしていくためのスキルはどのような職種にもあるでしょう。それはもちろん習得しなければならない大切な部分ですが、営業職にとってもっと重要なのは「心」の部分なのです。

本書では主にマインドという言葉を用いて「心」を表現してきました。誤解を恐れずに申し上げれば、「営業職はマインドが8割」だと思っています。残りの2割は、マインドさえ確立していれば必ず乗り越えられます。

営業を辞めたいと思っている方々、あるいは営業に対して二の足を踏んでいる方々は、「自分には営業マインドなんてない」と決めつけているのではないでしょうか。

繰り返しますが、仕事で成功するために必要な才能など、ほとんどないと言ってよいのです。ましてやマインドに生まれもっての資質などまったく関係ありません。

要は、仕事を継続するなかで、そして失敗をしていくなかでマインドを見つけ出し、身につける努力をしていくこと。営業道は努力なくしては開けません。

そして、営業はその努力をする価値のある仕事なのです。

おわりに

「人生１００年時代」というフレーズは、もうすぐ現実のものとなるのでしょう。２０１７年、日本人の平均寿命はまたも過去最高を更新し、女性が87・２６歳（世界2位）、男性が81・０９歳（同3位）となりました。

また、日本の出生率は現在、女性ひとりあたり１・４３人（２０１７年）。人口が減少すると言われる２・０５を下回り始めたのは、１９７０年代の前半です。少子化傾向は、約45年もの間、歯止めのかからない状況が続いているのです。このまま少子化が進行すれば、30年後に日本の人口は現在よりも４０００万人減少する可能性があるという試算もあるほどです。

いっぽうで、２０２０年代には「団塊の世代」が75歳を超えて後期高齢者となり、国民の3人にひとりが65歳以上という、超高齢社会を迎えます。

つまり、これから先の日本は、若者が減っていき、高齢者の割合がどんどん増えていくことが、ほぼ確実視されています。やがて近い将来、年金制度をはじめとする社会保障制度が破たんするのは火を見るより明らかでしょう。

こんな状況になってしまったのは、国の制度設計に問題があったからにほかなりませんが、それを嘆いていても始まりません。いまを生きる私たちが、できることをしっかりやって、対応していくしかないのです。

そこで、私はこれからの人生、「シニア世代の方々を励まし、勇気づける活動」に力を注ごうと考えています。そして、それを継続していくことが、10年後、20年後に向けての目標設定でもあります。

60代の半ばを迎えようとしている現在、そんな目標を掲げるなんて無茶だと思う方もいらっしゃるでしょう。でも、私はそうは思わないのです。

「人生100年時代」、私たちの世代が希望と勇気を持って生き続けることが、これからの時代をつくっていくのではないか。その意気が次世代に継承されていけば、こんなすばらしいことはないのではないか。そう考えているのです。

私がこのように決意するきっかけとなったのが、2年前に105歳で亡くなられた医師の日野原重明先生の存在です。

14年前、私は北海道で先生の講演を拝聴する機会がありました。そのとき、「これからの10年計画」について先生が熱く語られていたことをいまでも忘れません。当時、先生は

94歳。年齢など関係なく、常に目標と計画を立てることの大切さに私は気づかされたのです。

私はたちまち日野原先生の大ファンになってしまいました。「ああ、私もこんなふうに生きていければいいな」と、そのとき以来、ずっとその思いを胸に抱いてきたのです。

自分がシニア世代となって改めて強く感じることは、健康に対する意識の大切さです。日野原先生がそうだったように、健康管理をしっかり行わなければ、10年後の目標を語る資格はありません。

私は2歳のときに父親を亡くしました。以来、母は幼い3姉弟を女手ひとつで育ててくれたのです。しかし、これから親孝行をしようと思っていた矢先、私が19歳のときに病気で他界しました。46歳でした。

短い人生だった両親の分もがんばって生きていこうと、私はそのときから心に決めて懸命に働いてきました。そして、絶対に長生きしていろいろな経験を積み、世の中にお返しをしようと誓ったのです。

ですから、健康には人一倍気を遣い、仕事との両立を心がけてきました。

私たち3姉弟には孫が11人います。両親からすれば曾孫ですね。父母の魂はそうやっていまでも生き続け、継承されているのです。

私たちの人生は、このように「流れ」のなかにあるのだと、実感します。世代から世代への引き継ぎも同じことです。だからこそ、生きている限り、70代でも80代になっても、社会における役割は必ずあると思うのです。

シニア世代の方々には「流れ」を感じて生きてほしいと、切に願ってやみません。

私はいまでも、そしてこれからも、生保営業というすばらしい仕事を辞めるつもりはありません。ですから、若いお客さまに対しても、「大丈夫。あなたのことは私が面倒をみますよ」と、自信を持ってお話ししています。

19～20世紀の米国の教育者、サミュエル・ウルマンは70代にしてこのような言葉を残しています。

「青春とは、人生のある期間を言うのではなく、心の様相を言うのだ。（中略）人は信念とともに若く、疑惑とともに老いる。人は自信とともに若く、恐怖とともに老いる。希望ある限り若く、失望とともに老い朽ちる」（「青春の詩」より）

まったくその通りです。人は希望と目標を持っている限り、「老いる」ことはないのだと思います。

営業職は、人とのつながり、信頼関係がすべてと言ってよい仕事です。それは、人生の規範にも通じるのではないでしょうか。ですから、私は死ぬまで「営業職」でいたい。そして、その思いを伝えていくことで、シニア世代の方々にも「これから」について共感いただきたいのです。

「営業は農業と同じである」と言いました。農業には定年がありませんよね。農家の方々にお元気なシニアが多いのはそのせいではないでしょうか。

営業もまた、しかりです。実年齢など関係ありません。

私の「営業道」は、これからも続いていくのです。

2019年3月

玉城美紀子

玉城美紀子　たまきみきこ

第一生命保険株式会社安里営業オフィス・シニアエキスパートデザイナー。

全世界の生命保険営業職トップ6％のメンバーで構成されるMDRT（Million Dollar Round Table）終身会員、CFPファイナンシャルプランナー。

沖縄県那覇市出身。幼少期に父を亡くし、小さな雑貨店を営む母親に女手ひとつで育てられる。中学生で母の元を離れ、牛乳屋を営む叔父の家で毎朝牛乳配達をし、従妹たちの子守をする生活に。高校卒業後、地元の銀行に就職（事務職）するが、結婚・出産を機に退職。

再就職活動中の26歳のとき、第一生命のセミナーに参加。創業者・矢野恒太の志に共感して、コミュニケーション下手のため避けていた「営業職」として入社することを決意。営業経験なし、ゼロからのスタートで、入社直後はまったく結果が出なかったものの、独自のマインドと方法を確立しながら3年後には頭角を現し、5年目にはトップセールスに。以来、営業一筋38年。2001年にMDRTに初選出（沖縄では初）されて以来、これまでに通算17回選出されている（10回以上の選出で終身会員）。

「営業とは一生懸命、人の話を聞くこと」が信条。

世界《せかい》トップセールスレディの
「売《う》れる営業《えいぎょう》」のマインドセット

2019年5月6日　初版発行

著　者　玉城 美紀子
発行者　小林 圭太
発行所　株式会社CCCメディアハウス
〒141-8205 東京都品川区上大崎3丁目1番1号
電話　03-5436-5721（販売）　03-5436-5735（編集）
http://books.cccmh.co.jp

印刷・製本　株式会社新藤慶昌堂

ISBN978-4-484-19215-4